불한당
나쁜 놈들의 세상

일러두기

- 대사와 지문의 일부 표기와 맞춤법은 작가의 의도를 따릅니다.
- 책, 노래 제목은 < >로 표기합니다.

각본 변성현 김민수
각색 이원재

용어 설명

디졸브 이중노출 형식의 화면전환 방식.

(E) 이펙트, 효과음.

INS. 인서트, 삽입장면.

줌인 카메라의 줌렌즈를 이용한 확대.

줌아웃 카메라의 줌렌즈를 이용한 축소.

카메라 더치 카메라를 기울이는 촬영 방식.

cut to 시간 경과를 보여주지 않은 채 하나의 장면에서 다음 장면으로 점프하는 화면전환 방식.

쿠키영상 엔드 크레딧 뒤에 나오는 짤막한 영상.

트랙인 움직이는 피사체를 향해 다가가는 카메라워크.

트랙아웃 움직이는 피사체에서 멀어지는 카메라워크.

틸업 피사체의 아래부터 위까지 이동하는 촬영 기법.

(F) 페이드, 장면전환 효과.

▸ 용어는 시나리오에 나온 대로 표기하고, 가나다순으로 나열합니다.
▸ 용어 설명은 영화 제작사에서 작성한 내용입니다.

S#001. 부산의 어느 항구 하역장 (실외/낮)

정박한 낡은 러시아 선박에서 수산물을 하역하는 한국과 러시아 선원들.
고된 작업을 하는 선원들. 그 위로 한가로운 두 사내의 대화가 들려온다.

병갑(F) 너 생선 좋아하냐?

승필(F) 맛나지. 생으로 먹어도, 구워 먹어도, 끓여 먹어도 맛나지.

남루하고 거친 선원들 사이로 깔끔한 고급 정장 차림의 승필과 가죽 재킷 차림의 병갑이 테이블을 두고 마주 앉아 대화를 나누고 있다.
생선회를 먹고 있는 승필을 바라보며 입을 여는 병갑.

병갑 어우~ 야만적인 새끼. 난 생선은 절대로 안 먹어.

승필 왜?

병갑 생선 이 개새끼들은 죽어서도 눈을 뜨고 있잖아.
심장이 뛰는 인간이라면 그 눈을 보고 죄책감이 들어야 정상이거든. 나는 생선이랑 눈 마주치면 자꾸 나한테 뭐라고 하는 것 같아.

승필 그럼 멸치는 어떻게 생각해? 상무님, 멸치는 드시잖아.

병갑 멸치는 괜찮아.

승필 멸치도 생선이야. 그 새끼들도 다 눈알이 있는데.

병갑 작아서 잘 안 보이잖아. 그게 중요한 거지. 나는 사람 작업할 때도 절대 눈을 안 봐요. 근데 한재호 그 새끼는 좀 달라. 쑤시고 썰고 자를 때도 꼭 눈을 본단 말이지.

승필 고상무님은 한재호 이사 얘기할 때 보면 참 신나 보여.

병갑 걔는 이 일에 특화돼 있거든. 죄의식이라는 게 없어.
생선도 존나게 잘 먹어.

그때, 저 뒤쪽에서 짐을 든 러시아 선원이 승필과 병갑에게 손을 흔들며 소리 지른다. 멈춰 서는 승필과 병갑, 뒤돌아서 같이 손을 흔든다.

병갑 (손을 흔들며) 어이! 니꼴라이!!

짐을 내려놓고 병갑과 승필에게 걸어오는 러시아 선원. 승필과 병갑은 멈춰 선 채로 러시아 선원을 등지고 담배에 불을 붙이며 이야기를 나눈다.

승필 쟤가 이름이 니꼴라이였나?

병갑 러시아 새끼들은 이름이 존나 길잖아. 그래서 우린 남자는
니꼴라이, 여자는 나타샤로 통일이야.

승필 (갸웃거리며) 니꼴라이보다는 세르게이가 더 낫지 않아?

병갑 그건 니 좆 꼴리는 대로 하시고. 내가 어디까지 얘기했냐?
아 맞다, 죄의식! 근데 이 죄의식이 꼭 나쁜 건 아니야.
죄의식이라는 게 작업 방식을 발전시켰단 말이야. 봐라?
석기시대 때는 돌로 사람을 쳐 죽였을 거고, 청동기 시절엔
칼이나 도끼, 21세기는 우리도 점점 총으로 가야 돼.
이 총이라는 게 마음속에서 죄책감을 상당히 덜어주거든.

승필 (찌푸리며) 하고 싶은 말이 뭐야? 말에 요점이…

승필의 말이 끝나기도 전에 어느덧 다가온 러시아 선원이 승필의 뒤통수에 '탕!' 총을 갈긴다. 이마에 구멍이 난 채 툭 쓰러지는 승필.

순간 경쾌하고 위트 있는 리듬의 음악이 서서히 깔린다.

쓰러져 있는 승필을 내려다보는 병갑, 러시아 선원에게 총을 건네받는다.

병갑 (총을 품 안에 넣으며) 가라쇼[잘했어], 니꼴라이!

앞으로 엎어진 승필을 뒤돌려 눕히는 병갑. 눈을 뜬 채 머리에서 피를 뿜어내는 승필. 병갑은 그런 승필을 빤히 내려다보다 테이블 위에 놓인 생선의 눈을 깻잎으로 가린다.

화면이 넓어지면 항구의 모습이 넓게 보인다. 아무도 승필이 쓰러진 것에 신경 쓰지 않고 각자 할 일을 하고 있다.

서서히 암전. 그 위로 뜨는 붉은 활자의 타이틀.

S#002. 교도소 (실내/오전)

철창 안으로 교도소 침대에 걸터앉아 있는 곱상한 외모의 20대 후반 현수의 모습이 보인다. 순간, 철창문이 철컹하며 열린다.

반환영치품을 기다리는 현수. 현수의 물품을 챙기는 교도관.
영치품 박스 안에 들어 있는 시계와 담배 한 갑.
손목시계를 확인하고는 자신의 손목에 채우는 현수, 담뱃갑 뚜껑을 열어본다.

현수 어? 이거 두 까치 비는데. (씨익) 알았어요. 고소는 안 할게.

S#003. 교도소 정문 앞 (실외/오전)

운동장을 지나 가벼운 발걸음으로 교도소 정문을 나서는 현수.
넓고 황량한 공터에 빨간 스포츠카만이 덩그러니 서 있다.
옆쪽을 흘깃 보고 피식 웃더니 스포츠카를 향해 걸어오는 현수.
스포츠카 운전석에 앞에 서는 현수.
운전석에는 재호가 의자를 뒤로 젖히고 누워 선글라스를 삐딱하게 쓰고 자고 있다.

현수 뭐야. 촌스럽게 병풍은 왜 달고 와요.

재호가 기지개를 펴며 몸을 일으키고 말한다.

재호 원래 인마, 가오는 클래식하게 잡는 거야.

차 문을 열고 내린 재호가 현수를 마주보고 반갑게 웃는다.

그리고 마주 본 두 사람 사이로 저 멀리 스무 명가량의 정장 입은 덩치들과 세단이 일렬로 서 있는 모습이 보인다.

갑자기 현수에게 뽀뽀를 하려는 재호. 그리고 웃으며 이를 피하는 현수.

그 모습들이 순간 찰칵찰칵 소리와 함께 스틸 컷으로 찍힌다.

현수 아니, 뭐 두부 같은 것도 안 사왔어요?

재호 (씨익) 아! (뒤돌아보며) 나타샤!

검은 사내들이 줄지어선 병풍 사이로 금발의 러시아 여자가 나타난다.

S#004. 달리는 재호의 차 (실외/오전)

/차 안

룸미러로 바짝 얼어 있는 현수의 볼에 키스하는 러시아 여자. 그 모습을 보던 재호가 말한다.

재호 니들, 그런 결론 감기도 못 옮긴다.

/도로

빨간 스포츠카를 선두로 뒤이은 세단들의 행진.

/차 안

뒷좌석에서 맹렬하게 키스를 나누는 현수와 러시아 여자가 천천히 눕는다.

재호 뒤로 러시아 여자의 스타킹 신은 다리가 올라와 현수의 허리를 감싸는 모습이 보인다.

재호 씨발, 감기가 아니라 임신하겠네.

S#005. 오세안무역 - 병철 사무실 (실내/오후)

정면을 바라보고 담배를 피우고 있는 차가운 인상의 미모의 여성, 천팀장.

50대 중반의 병철이 사무실 한편에 설치된 바에서 캐비아를 작은 그릇에 덜고 다가오며 입을 연다.

병철 내가 세상에 태어나서 존경하는 여성이 딱 하나가 있는데 그게 우리 천팀장님입니다. 특히 그 집요함. 우리 법무팀 애들은 팀장님 때문에 피해본 돈, 시간, 산술적으로 헤아려서 배상 청구하라고 하는데, 내 따끔하게 한마디했어요. (데스크에 걸터앉으며) 어른 남자가 어린 기집애가 놀잔다고 같이 뒹굴면 그거 강간이라고.

병철, 데스크에 걸터앉아 천팀장을 내려다본다.
손에 든 캐비아 그릇을 내려놓으면 그 옆에 투명하게 빛나는 사무실 명패.
'회장 고병철'.

천팀장 대한민국은 땅덩이도 좁은데, 참 회장들 많다.

화면이 넓어지면 응접용 소파에 앉아 핸드폰 게임을 하는 병갑과 그 옆에 서 있는 방개와 똘마니.

천팀장 난 우리 고회장님한테 사적인 감정 같은 거 없어요. 그냥 내가 하는 일이 회장님 같은 뽕쟁이 새끼들 잡는 거고. 그래야 나라에서 돈을 주고, 승진도 하고. (미소) 좀 도와주세요.

병갑 에헤, 그러려면 제대로 수사를 해서 증거를 가져오시라니까.

뒤에 있는 병갑의 말에는 신경도 쓰지 않고 병철만 바라보는 천팀장.
병철, 데스크 위에 있는 접시에서 두 손가락으로 캐비아를 듬뿍 찍어 빨아 먹는다.
(약손가락과 새끼손가락이 뭉툭하게 잘려나가 있다)
그 모습을 역겨운 눈초리로 바라보는 천팀장.

병철 (맛을 음미하며) 이게 벨루가 캐비아라고, 러시아산인데… 이 정도면 우리 팀장님 월급은 될 겁니다. 맛 좀 보실랍니까?

병철, 다시 손가락으로 캐비아를 찍어 천팀장의 얼굴 앞으로 내민다.
굳어 있는 얼굴로 병철을 바라보다 웃음을 터뜨리는 천팀장.

천팀장 (웃음) 성희롱을 손으로밖에 못 하시네. 언제부터 좆이 안 꼴리셨어요?

천팀장의 뒤에서 벌떡 일어서는 병갑.

병갑 이런 씨발년이!

그때, 노크 소리와 함께 문이 열리면 들어오는 재호, 그 뒤로 현수.

재호 팀장님이 와 계셨네? 와~ 더 아름다워지셨다. (천팀장을 바라보며 미소) 오랜만입니다.

자리에서 일어나는 천팀장. 재호와 마주 서서 재호를 바라본다. 천팀장을 바라보고 씨익 웃음 짓는 재호. 천팀장, 이를 외면하고는 뒤에 있는 현수에게…

천팀장 뉴 페이스네. 넌 정체가 뭐야?
현수 아줌마 나 알아요? 면도 안 텄는데 반말로 훅 들어오시네.

천팀장 (어이없다는 듯 웃고는) 하아, 미치겠다 진짜.

천팀장 자신을 바라보는 병철, 재호, 병갑을 쭉 훑어보더니 그들을 뚫고 지나가며 말한다.

천팀장 다들 맛있는 것도 많이 드시고 이쁜 애들이랑 데이트도 좀 하고 그러세요. 빵에 가면 콩밥 처먹으면서 벽 보고 딸딸이나 칠 텐데. 안 그래요, 한이사님?

재호가 말없이 어깨를 으쓱거린다. 문을 닫고 나가버리는 천팀장.
병철, 자리에서 일어나 현수 쪽으로 다가오며 입을 연다.

병철 그래, 얘기 많이 들었다. 내가 고병철이다.

병철이 현수에게 손을 내민다. 두 손으로 악수를 하는 현수.

현수 (고개를 숙이며) 조현수라고 합니다.

미소 짓는 현수의 얼굴에서 웅성거리는 소리가 들리며 디졸브.

S#006. 재소자 식당 (실내/오전) — 과거

웅성거리는 사내들의 소리와 함께 화면이 바뀌면, 죄수복을 입고 서 있는 재소자들 틈에 서서 무언가 구경하고 있는 현수.
테이블을 벽으로 밀어놓고 죄수들이 둥그렇게 몰려서서 응원하는 가운데 일명 '짝짝이 대회(따귀 대회)'가 열리고 있다. 테이블을 사이에 두고 험악한 대머리 정식과 덩치 큰 죄수가 서서 가위바위보를 한다. 진행 심판을 맡은 영근 그리고 테이블 가운데 의자를 두고 앉아 있는 심판장 재호가 핫바를 오물거리며 구경을 하고 있다. 가위바위보에서 승리한 정식이 웃으며 몸을 풀고는 상대방 덩치의 따귀를 풀스윙으로 날린다. 짝! 소리와 함께 눈이 풀리며 뒤로 쿵! 하고 실신해버리는 덩치 죄수. 와~ 하는 환호성. 다른 죄수들이 쓰러진 죄수를 질질 끌고 나간다.

영근 자, 다음 도전자 없습니까?!
정식 (흥분) 씨발 아무나 나와! 한 방에 보내벌랑게!
영근 다음 짝짝이 도전자!

잠잠한 죄수들. 그 사이로 슬며시 손을 드는 현수. 죄수들이 그런 현수를 바라본다. 현수가 죄수들을 뚫고 걸어나오자, 심판 의자에 앉아 있던 재호가 흥미롭게 바라본다. 곱상한 현수의 모습을 보고 어처구니없이 웃는 정식.

영근 니 새로 온 얼라가?
현수 (끄덕)
정식 어허허허. (재호를 바라보며) 이거 해도 될랑가. 스치면 갈 텐데.

재호가 손짓을 하자, 영근이 가위바위보를 진행시킨다. "짱겜뽀!!" 현수는 바위, 정식은 보. 정식의 승리다.

정식 아가야. 이빨 꽉 깨물어라. 혀 잘릴게.

정식, 현수의 얼굴을 향해 따귀를 날린다. 짝! 소리와 함께 돌아가는 현수의 얼굴. 그리고 이내 정식을 바라보고 괜찮다는 듯이 끄덕인다. 오~ 하는 구경꾼들의 목소리. 흥미진진한 재호의 표정.
이번엔 현수의 차례. 현수가 따귀를 갈기자 짝! 하는 소리가 들린다. 하지만 한 대 맞고도 가소롭다는 듯이 웃는 정식.
이번엔 정식의 차례다. 피식 웃고는 현수의 볼에 손바닥을 가져다 대며 놀리듯 위협하는 정식. 그러고는 이내 현수의 얼굴을 손바닥으로 내려치는 정식. 충격이 심한지 더욱 비틀대는 현수.
영근이 다가와 현수에게 묻는다.

영근 포기? 포기!?

포기 의사를 물어보는 영근을 밀쳐내고 다시 자리에 선 현수. 재호가 일어나서 이 모습을 흥미롭게 바라본다.
서로 따귀를 주고받는 현수와 정식. 현수가 압도적으로 불리한 상황이지만 이를 악물고 버텨낸다. 환호하는 죄수들. 이를 흥미롭게 지켜보는 재호.
다시 현수가 때릴 차례. 심호흡 후에 손바닥을 펴고 정식을 향해 따귀를 날리는 현수.
이때, 현수의 손바닥이 정식의 얼굴에 닿는 순간 주먹이 쥐어지는 모습이 슬로모션으로 보인다. 이를 바라보는 재호의 얼굴.
현수의 어퍼컷을 맞고 바닥에 털썩 쓰러지는 정식. 엄청난 이변에 와아아아아! 하는 소리와 함께 환호하는 죄수들. 정식, 정신을 차리고 벌떡 일어나 항의한다.

정식 개새끼야! 너 주먹으로 쳤지!

현수 (뭔 소리야? 하는 표정으로 손바닥을 펴 보인다)

정식 좆까, 이 씨발놈아! (재호에게) 이 개새끼가 주먹으로 때렸다니까요!

영근 구질구질하게 굴지 말고 그냥 들어갑시다.

영근의 말에 분한 얼굴로 이를 꽉 깨물고 포기한 듯 들어가는 정식. 현수를 지나치며 입을 연다.

정식 쥐좆만 한 새끼가 싸가지 존나 없네.

현수 그러는 그쪽은 머리털이 존나 없고.

정식, 현수의 말에 화가 난 듯 성큼성큼 다가간다. 그때 현수가 따귀를 때리려는 액션을 취하자 멈칫하는 정식. 피식 웃는 현수에게 화가 난 듯 소리를 지르며 덤벼드는 정식. 이를 가볍게 피하고 정식의 목젖을 강타하는 현수.
정식의 패거리로 보이는 한 죄수가 현수에게 덤비자 배를 발로 내지르는 현수. 목을 잡고 켁켁대며 나뒹구는 정식.
갑자기 벌어진 싸움판에 환호하는 재소자들. 마치 축제의 분위기.
현수 자신의 뒤를 잡는 다른 사내는 테이블로 던져버린다. 서너 명을 상대로 선전하는 현수. 교도관들이 뛰어와 현수와 정식의 패거리를 뜯어말린다. 현수는 자신을 말리는 교도관에게까지 한 방 먹이고 다시 정식에게 달려든다.
신난 듯 계속 지켜보는 재호.

재호 와, 저거 아주 혁신적인 또라이네.

앞뒤 안 가리고 주먹을 휘두르던 현수에게 곧이어 이어지는 교도관들의 곤봉 세례.
웅크리고 누워 무자비하게 구타당하는 현수.

S#007. 현수의 감방 (실내/밤)

교도소 침대에 엉망이 된 얼굴로 잠을 자고 있는 현수. 그 얼굴 위로 담배연기가 뿜어져나온다. 이상한 기척에 눈을 뜨면 재호가 침대 옆에 의자를 두고 앉아 담배를 피우며 현수를 물끄러미 내려다보고 있다. 현수, 놀란 얼굴로 몸을 일으키고 재호를 바라본다.
철창 밖에는 영근과 교도관이 서 있다.

현수 (재호를 보며) 뭡니까?

말없이 담배를 한 모금 깊이 빨고는 현수 얼굴로 내뿜는다. 그러고는 피식 웃으며 손에 들린 종이컵에 담배를 터는 재호.

재호 여기 4미터 담벼락 안에는 딱 두 종류 새끼들밖에 없어. 건드려도 되는 새끼들 그리고 건들면 안 되는 새끼들. 근데 오늘 자기랑 시비 붙은 애들은 건들면 안 되는 새끼들이야.

현수 … 그럼 그쪽은요?

재호 너, 내가 안 무섭냐?

현수 무서워해야 됩니까?

현수를 보고 한번 웃더니 담배를 종이컵에 끄는 재호. 그 모습을 바라보는 현수.

재호 넌 내가 어느 쪽 같은데?

현수 … 건들면 안 되는 쪽이겠죠.

재호 (고개를 가로젓는다) 아니. 난 그 기준을 정하는 사람이다.

현수 (마른침을 삼킨다)

재호 괜히 사고 쳐서 징역 깨지 마라. (일어서며 철창 밖으로) 직원! 손님 나갑니다!

재호, 현수 옆을 지나치며 얼굴에 손을 가져다 댄다.

재호 야~ 자기는 멍도 이쁘게 드네.

현수, 고개를 뒤로 젖히며 재호의 손길을 피한다. 가소롭다는 듯 픽 웃으며, 철창 밖에 서 있던 교도관이 문을 열어주자 나가는 재호.

S#008. 교도소 운동장 (실외/낮)

교도소 천장 펜스 위로 교도관의 구두가 화면 가득 커다랗게 들어온다. 펜스 위를 걸어다니는 교도관들.
카메라가 무빙하면 그 밑으로 운동장의 재소자들의 모습이 소개된다. 웃통을 벗고 다른 재소자를 목말을 태운 채 하체 운동을 하는 근육질의 재소자들, 족구 하는 재소자들까지, 교도소 면면을 스케치해 보여준다.
현수는 운동장 한쪽 벽에 몸을 기댄 채 가만히 서 있다. 현수의 시선으로 식당에서 시비가 붙었던 정식의 패거리가 지나간다. 목에 붕대를 감은 정식이 현수를 바라보다 기분이 나쁜 듯이 시선을 돌린다. 정식 패거리의 뒷모습을 바라보는 현수.
그 얼굴 위로 어느 노인의 목소리.

장목사(E) 형제님이 은혜를 제대로 입었구만.

현수가 바라보면 죄수복을 입은 체구가 작은 노인이 한 손에 성경을 들고 서 있다.

장목사 저 전라도 형제들이 가만히 있을 양반들이 아닌데.
식당에서 일은 그냥 마무리 짓기로 했다는구만.

현수, 저쪽 멀리 벤치에 앉아 있는 재호 패거리를 바라본다. 재호와 눈이 마주친 현수, 가볍게 목례를 한다. 현수의 목례를 본체만체하는 재호.
계속해서 현수에게 말을 거는 장목사.

장목사 같은 하나님의 아들끼리 토크나 좀 하면서 친해지자고.

현수 저 교회 안 믿어요.

장목사 자네랑 같이 있어야 마귀에 씐 빵잽이들이 날 안 건들 거 아닌가. (웃으며) 우리 형제님 짝짝이 대회 사건으로 꽤 인정받고 있거든.

현수, 한심한 듯 장목사를 빤히 바라보다 재호 쪽으로 고개를 돌린다.
재호, 교도관 복장을 한 보안계장과 운동장에서 비밀스럽게 이야기를 나누고 있다.

현수 저 사람은 직원들이랑도 친한가봐요.

장목사 담배 상납금 얘기겠지.

현수 담배요…?

S#009. 재호의 감방 / 교도소 복도 (실내/낮)

다른 재소자들의 방에 비해 훨씬 넓은 재호의 감방. 한쪽 벽에서는 재호의 부하들이 포커를 치고 있고, 재호는 탁자에 다리를 올리고 앉아 있다. 그런 재호 앞에 차례로 줄을 서고 있는 재소자들.
차례가 된 풍채 좋은 중년의 사내가 재호에게 말을 건넨다.

사내 내일까지 세 보루 값 먼저 입금될 거요.

재호 (끄덕) 확인되면 드릴 테니까 저번처럼 한번에 많이 풀지 마쇼.

재호의 말에 담배 장부에 펜으로 기록하는 영근.
재호 앞에 선 재소자들을 카메라가 훑으면서 카메라가 복도 쪽으로 빠져나가면 보이는 장목사와 현수.

장목사 담배 유통권은 여기서 중요한 자금원이야.
그걸 장악하려고 마귀 같은 깡패 새끼들끼리 아주 피가 터지는 거지.

S#010. 교도소 몽타주 (실외, 실내/낮)

/교도소 운동장 복도

스무 명가량의 죄수들이 피를 흘리며 바닥에 쓰러져 있는 모습을 부감으로 훑는다.
그 끝에 우뚝 서 있는 재호의 얼굴. 한쪽 눈에 멍이 들어 눈이 감겨 있다. 깨진 이를 피와 함께 자신의 손에 뱉어내는 재호의 얼굴 위로…

장목사(E) 몇 년 전까지만 해도 광주 형제들이랑 천안 형제들이 7대 3으로 나눠 먹었는데 한재호가 들어오면서 싸그리 정리하고는 부산 형제들이 독점하게 된 거야.

/교도소 실내 복도

휴식시간에 복도에 앉아서 노닥거리는 죄수들.

그때, 나이키 신발을 신은 재호의 발이 들어오자 우물쭈물 일어서며 자리를 피한다.

장목사(E) 한재호 형제는 십대 때부터 히로뽕으로 시작해서 커온 애라 엄밀히 말하면 정통은 아닌데, 엔간한 정통들도 한재호만 보면 홍해 갈라지듯 갈라지는 거야.

재호의 주머니 안에서 울리는 핸드폰 진동. 재호의 손이 들어가 핸드폰을 꺼내 올리면…

S#011. 재호의 감방 (실내/낮)

감방 안에는 재호가 구형 2G 핸드폰으로 누군가와 통화를 하고 있다.

장목사(E) 개인 전화 갖고 다니는 거야 공공연한 비밀이고.

S#012. 취장 (실내/밤)

불 꺼진 교도소 식당 너머로 보이는 밝게 불이 들어온 취장. 그 취장 안에 마치 예수와 12사제들과 같은 모습으로 음주를 즐기고 있는 재호의 모습.

장목사(E) 철창 안의 지저스 크라이스트라니까. 취장도 지 형제들로 꽉 채워서는 완전히 전용 식당으로 만들어버렸지.

재호, 자신의 잔에 술을 채우고 일어서서 말한다.

재호 자, 다들 잔 들고. 간만에 내가 건배 제의 한번 하자. 구호는 '우리가 남이가'. 자, 우리가!

S#013. 바닷가 포장마차 (실외/저녁) — 현재

현재로 돌아와 60~70명 규모의 까만 정장 차림의 남자들이 전 씬의 재호의 선창에 이어 잔을 들고 일제히 외친다. 중간중간에 야한 옷차림의 러시아 여자들도 끼어 있다.

일동 남이가!

재호, 우뚝 선 채로 잔을 단번에 비워낸다. 따라 잔을 비우는 남자들.

그들 틈에 같이 잔을 비우는 현수의 모습도 보인다.

cut to

현수와 재호의 맞은편에 병철, 병갑이 앉아 술을 마시고 있다.

병철 누구는 우리보고 나쁜 놈들이다, 사회 암적인 존재다, 그러는데, 이해는 돼. 사람들은 욕하고 손가락질할 데가 필요한 법이니까.

병갑 맞습니다, 삼촌. 아니, 세상에 좋기만 한 사람이 어딨어? 다 나쁜 거 숨기면서 사는 거지. 그래도 우리는 영혼이 순수하잖아요.

병철, 병갑의 말에 대답 없이 현수를 바라보더니 잔을 따르며…

병철 한이사가 칭찬 많이 하더라. 머리도 잘 쓰고 주먹도 잘 쓴다고.

병갑 (재호에게) 우리 한이사님 말에 감히 아사바리 거는 건 아닌데… (웃으며 현수를 본다) 아무리 봐도 주먹은 아닌 것 같은데.

현수 (젓가락을 탁 내려놓으며) 그럼 뭐 어떻게, 직접 확인시켜드려요?

병갑 어떻게?

재호 (회를 먹으며 웃음) 얘 지금 너한테 일대일 마사지 붙자고 하는 거야.

병철이 크게 웃음을 터뜨린다.

병갑 (재호를 바라보며 웃으며) 야, 지금 장난해?

현수 동생들 앞에서 쪽 팔리긴… 좀 그렇죠?

재호 (현수에게) 야, 하지 마.

병갑 너 지금 누구 말리는 거냐?

현수 저를 말리고 있는 것 같은데요?

웃음기가 사라진 병갑의 눈썹이 꿈틀댄다. 병갑, 못 참겠다는 듯 자신의 품 안에서 권총을 꺼내 테이블 앞에 쾅 놓는다. 그러고는 시계와 반지를 풀어 역시 테이블에 놓는 병갑. 그 모습을 빤히 지켜보는 현수와 재호. 병갑, 몸을 앞으로 기울여 현수의 얼굴 가까이에 낮고 위협적인 목소리로 말한다.

병갑 나와, 이 좆만 한 새끼야. 니가 이기면 해운대 한가운데서 니 좆 빨면서 애국가 4절까지 불러준다.

현수 그건 내 취향은 아닌데. (재호에게) 갑자기 커밍아웃을 하시네.

재호 (건성건성 웃으며) 그만들 하라니까. (병철을 바라본다)

병철, 재호의 눈빛을 받고는 맹랑한 현수의 태도가 재밌다는 듯 바라본다.

현수 (테이블 위의 총을 집으며 천진난만) 와, 근데 이거 진짜 총이에요? (병갑 쪽으로 슬쩍 겨누며 장전) 실탄 나가나?

순간, 으어어어어~! 소리를 내며 뒤로 피하는 병갑. 재호, 장난 그만하라는 듯 현수의 총을 내린다. 뒤로 넘어간 병갑이 벌떡 일어나며 현수에게 달려든다.

병갑 이 개새끼가! 처돌았나!

그때 병갑의 얼굴로 날아오는 손. 짝! 소리와 함께 돌아가는 병갑의 얼굴.
손의 주인공은 병철이다. 짝! 짝! 짝! 짝! 계속해서 병갑의 따귀를 갈기는 병철.
따귀를 맞으며 뒤로 물러나는 병갑.
그리고 이를 보며 한숨을 내쉬는 재호가 놀란 표정의 현수에게 눈치를 준다.
왁자지껄한 술자리가 순식간에 조용해진다. 양팔에 문신 가득, 앞치마를 두르고 서빙을 하던 꼬마 건달들도 움직임을 멈추고 이를 바라본다.
병철의 앞에 고개를 푹 숙인 병갑.

병철 니, 일할 때 말고는 쇳덩이 품고 다니지 말라고 했지?
병갑 … 죄송합니다.
병철 지 애비 닮아서 똥오줌 못 가리지? 가서 쇳덩이 놓고 와! 얼른!

굳은 표정으로 일어서 나가는 병갑. 재호가 병갑의 뒷모습을 바라보다 일어선다.

S#014. 주차장 (실외/밤)

까만 세단이 늘어선 주차장 사이에서 흐느끼는 울음소리를 따라 걷고 있는 재호. 세단 뒷문을 열고 다리를 내놓고 앉아 고개를 숙이고 울고 있는 병갑의 모습이 보인다. 재호가 병갑에게 다가가 부은 볼에 캔맥주를 대주며 말한다.

재호 괜찮냐?

병갑, 마치 안 울었다는 듯 눈물을 닦으며 재호의 손을 뿌리친다.

병갑 됐어. 너도 진짜 그러는 거 아니다.

재호 (달래듯) 알잖아. (웃음) 너 울었냐?

병갑 울긴 누가 울어! (그러다 룸미러로 자신을 바라보는 부하와 눈이 마주친다) 야, 내가 울었냐?

부하 네? 네. 아, 아뇨.

병갑 이 씨발놈아. 내가 언제 울었어! (따귀를 날리며) 이 새끼가 어디서 개구라를 쳐!

운전석 쪽으로 몸이 넘어와 부하를 구타하는 병갑.
골치 아프다는 표정으로 이를 말리는 재호.

S#015. 바닷가 포장마차 (실외/밤)

두 손으로 공손히 병철의 잔을 받는 현수.

병철 우리 한이사, 안에서는 어땠어? 저거 나 없는 데선 지가 왕 노릇 했을 건데…

현수 왕보다는… 대통령에 가깝죠.

병철 그게 그거 아닌가?

현수 대통령은 임기라는 게 있잖아요.

S#016. 교도소 전경 (실외/낮)

부감으로 넓게 보이는 교도소 전경. 눈발이 휘날린다.

그 안으로 들어오는 호송버스.

현수(E) 때 되면 바뀔 수가 있다는 거죠.

S#017. 교도소 운동장 복도 (실외/낮)

교도소 출입문이 열리면서 이감되어 온 죄수들이 교도관들의 인솔에 따라 들어온다. 그중 관록 있어 보이는 40대 후반의 한 남자, 성한이 눈에 띈다.
운동장에 있는 재소자들은 그 모습을 구경하고 있다.
고개를 90도로 숙이고 성한에게 인사를 하는 정식 패거리. 정식에게 슬쩍 고갯짓으로 인사하는 성한.

S#018. 교도소 실내 복도 (실내/낮)

복도로 걸어들어오는 성한과 신입 재소자들.
현수의 감방에서도 철창문 사이로 이 모습을 바라보고 있는 장목사.

장목사 아이고… 올 게 왔구만.

/현수의 감방
장목사는 여전히 철문 밖을 보고 있고 현수는 침대에 발을 올린 채 팔굽혀펴기를 하며 몸을 만들고 있다.

현수 뭐가요?
장목사 김성한이. 들어봤지? 호남 출신 전국구 거물.

S#019. 재호의 감방 (실내/낮)

같은 시각, 재호의 똘마니들이 모두 재호를 바라보고 있다. 재호는 맞은편 벽에 고무공을 튀기며 침대에 걸터앉아 있다.

장목사(E) 이제 대선이다.

피곤한 듯 깊은 한숨을 내쉬는 재호의 얼굴.

S#020. 교도소 운동장 (실외/오후)

눈이 쌓인 운동장 구석에서 제설 작업을 하고 있는 현수와 장목사.
현수의 시선으로 한쪽 벤치에 자리 잡은 재호의 패거리, 그리고 다른 한쪽 벤치에는 책을 읽고 있는 성한을 주축으로 정식과 그의 똘마니들이 모여서 얘기를 나눈다.
성한을 바라보고 있던 재호가 자리에서 일어난다. 운동장을 가로질러 성한의 패거리 쪽으로 홀로 걸어가는 재호. 재호가 다가오자 자리를 비켜주는 정식과 부하들.
재호, 벤치에 앉아 있는 성한에게 꾸벅 인사를 한다.

재호 선배님 말씀은 많이 들었습니다. 만나 뵙게 돼서

영광입니다. 한재호라고 합니다.

앉은 채로 재호를 물끄러미 올려다보다 손에 든 책을 읽으며 입을 여는 성한.

성한 아, 그 요즘 잘 나가신다는 동상이시구만.

재호 질척거리는 거 안 좋아하니까 드라이하게 용건만 말씀드리겠습니다. 담배 사업은 반으로 나눠서 하시죠. 가격은 지금 시세대로, 물량은 직원들한테 받는 양의…

성한 (책을 읽으며) 동상, 나 김성한이여, 김성한. 나가 여서 담배 장사나 하는 양아치로 보이는가. (재호를 올려다보며 빙그레 웃음) 아, 자네 밖에서 약 팔았다믄서.

성한의 말에 피식거리는 정식 패거리. 재호가 한번 쓱 바라보자 웃음을 멈춘다.

재호 선배님. 여기서 전쟁하면 누가 이길 것 같습니까? 뭐 아니면 지금 여기서 나랑 마사지 한번 가시든지요.

이를 멀리서 바라보는 현수. 눈에 살기가 등등한 재호에 비해 여유 있게 재호를 바라보는 성한. 그때 재호의 뒤에서 급하게 뛰어오는 영근. 재호, 돌아보면 재호의 귀에 속삭인다. 재호, 몸을 돌려 어디론가 성큼성큼 걸어간다. 뒤를 따르는 영근. 그 모습을 보면서 미소 짓는 성한.

S#021. 보안계장실 안 (실내/낮)

보안계장실 안, 교도관들에 의해 테이블 사이로 거꾸로 매달려 피를 흘리고 있는 재호의 똘마니(호열)의 모습이 보인다. 이를 자리에 앉아 바라보고 있는 보안계장. 복도 창문 밖에서 뛰어오는 재호의 실루엣과 이를 제지하는 교도관의 모습이 보인다.

재호 계장님! 계장님!

교도관 왜 이러세요. 일단 돌아가셔서…

재호 야 직원. 이게 말이 돼, 새끼야! 담배를 수급해주는 게 누군데! 계장님!

문이 벌컥 열리며 재호가 들어온다.

재호 저랑 잠깐 얘기 좀 하시죠.

S#022. 교도소 복도 창 너머 (실외/낮)

복도 너머 창틀 사이로 대화를 나누는 재호와 계장의 모습이 보인다. 재호의 뒤로 서 있는 교도관들.

재호 계장님. 지금 이거 뭐 하자는 겁니까.

계장 이번 달에 일시점검 있는 거 몰라?

재호 지금, 나랑 장난하십니까?

계장 뭐?!

재호 김성한입니까? 그 새끼한테 뭐 처받아먹었습니까?

계장 (정색) 너 지금 뭐라 그랬어?

재호 (진정하며) 계장님, 나한테 이런 식으로 나오면 좋을 거 없…

재호의 말이 끝나기도 전에 곤봉으로 재호의 머리통을 내리치는 계장.
직원들에게 팔이 붙잡힌 채 머리에 선혈을 쏟으며 고개를 떨구는 재호.

재호 이런 씨발 마개비 새끼…

계장, 재호의 말에 화가 난 듯, 재호의 머리와 복부에 한 방씩 먹인다.

계장 바퀴벌레 같은 새끼가… (교도관들에게) 먹방으로 보내.

재호, 힘없이 교도관들에게 질질 끌려나간다. 재호의 얼굴을 카메라가 빠르게 훑으면…

S#023. 재소자 식당 (실내/낮)

와아~! 하는 함성소리와 함께 식당에서 '짝짝이 대회'가 열리고 있다. 진행 심판을 하는 정식과 가운데 앉아 심판장을 보고 있는 성한의 모습. 재소자들 틈에 이를 바라보는 현수. 저쪽에서 따귀 대회를 구경하는 장목사에게 다가간다. 현수가 다가오자 몸을 피하는 장목사. 그런 장목사를 따라가며 입을 여는 현수.

현수 왜 자꾸 피해요?

장목사 형제님이랑 어울리면 피곤해져.

현수 와, 치사하다.

장목사 원래 풀들은 바람 부는 방향대로 눕는 법이니까.

현수 한재호도 이렇게 가만있지는 않을 텐데요.

장목사, 고개를 들어 성한을 바라본다.

장목사 대선 끝났다. 김성한이가 소장 고향 선배랜다.

S#024. 먹방 (실내/저녁)

깜깜한 먹방에 달빛이 웅크리고 누워 있는 재호의 실루엣을 비춘다.

그때 문이 열리면 찡그리며 눈을 뜨는 재호.

교도관 631번 나와.

무릎을 짚고 천천히 일어서는 재호. 그 위로 정식의 목소리.

정식(E) 나왔답니다.

S#025. 취장 (실내/밤)

취장에서 만두를 게걸스럽게 먹고 있는 성한과 정식, 그리고 그의 패거리.

정식 밑에 얼라들도 계장이 뿔뿔이 찢어놨응게 당분간 혼자 지내야 할 겁니다. 아무리 한재호가 독종이라도 독고다이로 어쩌진 못 하지라.

끄덕이며 만두를 오물거리는 성한. 잔을 들어 건배를 제안한다.

S#026. 교도소 복도 (실내/낮)

고개를 숙이고 교도소 복도를 홀로 터덜터덜 걷는 재호의 모습. 뒤에서 그런 재호를 보며 수군대는 재소자들의 모습도 보인다. 반대편 복도에서 장목사와 얘기를 하며 걸어오던 현수, 재호를 발견한다. 재호도 현수를 발견하고는 눈이 마주친다.
복도 창밖의 해가 구름에 가려지며 복도의 분위기가 변한다.
서로 바라보며 걸어오는 두 사람.

가볍게 목례를 하듯 눈인사를 하는 현수. (고속)
그런 현수를 바라보고는 다시 앞을 보고 걸어가는 재호. (고속)
두 사람이 서로 스쳐 걸어간다. (고속)
자신을 스쳐가는 현수를 쓱 뒤돌아보며 다시 걸어가는 재호. (고속)
재호가 앞을 보고 걸어가자 이번엔 현수가 재호의 뒷모습을 바라본다. (고속)
다시 앞을 보는 현수의 앞으로 정식이 지나친다. (고속)
현수를 지나치는 정식의 소매 안에서 무식하게 생긴 칼이 쓱 나온다. (고속)
뒤돌아 그 모습을 바라보는 현수. (고속)
정식이 자신에게 다가오는 줄도 모르고 앞으로 걸어가는 재호. (고속)
현수의 표정이 굳어지며 재호에게 달려간다. (고속)
그때, 재호에게 칼을 휘두르는 정식. (고속)

그때 고속이 풀리며 현수가 뛰어와 칼을 든 정식을 덮친다. 이때 현수의 손이 정식의 칼에 베여 피가 흐른다. 나뒹구는 정식, 바닥에 칼이 떨어진다.

현수 교도관! 이 새끼, 칼 가지고 있어!

당황한 정식이 손을 뻗어 칼을 다시 잡으려 하지만 이미 위에 올라타 제압하는 현수. 놀란 표정으로 현수를 바라보는 재호. 이때 교도관들이 호루라기를 불며 뛰어온다.

S#027. 교도소 운동장 (실외/낮)

현수와 정식, 철조망에 얼굴이 짓이겨진 채, 교도관들에게 뒤를 제압당하고 있다. 철조망을 사이에 두고 현수와 정식 쪽으로 걸어오는 계장.

계장 (정식에게 칼을 내밀며) 니 거야?

정식 (억울한 듯 눈물까지 고여) 진짜로 아니여라. 그것이 내 것이었으면 내 얼굴이 요 모양 요 꼴이겠습니까.

현수 소매 안에서 나오는 거 제가 분명히 봤습니다.

계장 증명할 수 있어?

현수 어떻게요? 사진이라도 찍어서 드려야 합니까?

계장, 매서운 눈빛으로 현수를 빤히 바라본다. 그런 계장을 피하지 않고 마주 보는 현수.

S#028. 재호의 감방 (실내/밤)

예전의 호화스러운 모습과는 달리 썰렁한 재호의 감방. 재호, 침대에 기대 누워 노란 고무공을 어루만지고 있다. 현수가 들어와 문 앞에 서자, 현수에게 담배 한 보루를 던진다.

현수 목숨 값이 겨우 담배 한 보루예요?

재호 (피식 웃는다) 너 그게 여기서 얼만지 알아?

현수 내일부터 사건 조사 있을 거래요.

재호 부질없는 짓이야. 계장이랑 똥구멍 다 맞춰놨을 건데.

멍하니 허공을 바라보던 재호가 일어나서 자신의 귀를 만지작거리며 현수 앞으로 지나친다.

재호 진짜 모르겠네. (웃으며) 이 정도면 내가 완전 털린 싸움인데, 굳이 또 날 담가?

재호, 현수를 지나쳐 철창문 앞에 서서 휙 돌아 문틀을 잡고 말한다.

재호 너 왜 그랬냐?

현수 뭘요? … 아, 우리 엄마가 안된 사람 있으면 돕고 살라 그러더라구요.

현수의 말에 웃음을 터뜨리는 재호.

재호 가라. 내일 조사 때 보자.

현수, 문 앞을 막고 있는 재호를 지나쳐 가다가 다시 돌아온다.

현수 아직 핸드폰 안 뺏겼죠?

재호 왜? 전화 쓸라고?

S#029. 보안계장실 (실내/낮)

보안계장실 응접실에 나란히 앉은 재호와 현수. 그 앞에 앉아 있는 보안계장.

계장 (심드렁하게) 뭐 신고할 게 있다고? 뭔데.

현수, 소매에서 핸드폰을 꺼내 테이블 위에 올려놓는다.

현수 제가 어제 소내에서 주운 건데. 계장님이 보셔야 될 거 같아서…

계장, 재호를 한번 노려보더니 핸드폰 폴더를 열어본다. 배경 화면에 감방 안에서 담배 보루를 손에 들고 담배를 입에 문 채, 장난스런 표정을 짓고 있는 재호의 모습이 보인다.

재호 (혼잣말) 에이~ 그거 말고 잘 나온 사진들도 많은데.

입을 꾹 다문 채, 사진첩을 넘겨보는 계장. 사진첩에는 감방 책장 안에 숨겨진 담배 보루. 그리고 담배를 귀에 꽂고 몇 십 개비를 입에 물고 있는 재호의 모습들이 보인다. 계장의 시선으로 휴대폰(재호 사진)이 내려지면 담배를 물고 장난스러운 표정을 짓는 재호.

현수 교도소 내 담배 반입 및 유통 건으로 제 옆에 있는 아저씨를 고발하려고 합니다.

재호 에헤~ 아저씨가 아니라 형이라니까.

계장 이 개새끼들이… (재호를 바라보며) 너 지금 날 협박하는 거야?

재호 죄수가 어떻게 감히 보안계장님을 협박합니까?

현수 이번엔 이렇게 증거 사진도 있으니까 절차 밟기 쉽죠? 아, 맞다. 핸드폰 반입도 신고해야겠구나.

계장, 손에 든 휴대폰을 두 동강 내어 부러뜨린다.

계장 이 쓰레기 같은 새끼가… 너, 내가 우스워?

현수 (태연하게) 아뇨.

계장 이런 개새끼가…

인상이 구겨지며 손을 뻗어 현수의 따귀를 때리는 계장. 그때 쓱 재호도 손을 뻗어 갑자기 계장의 뺨을 후려친다. 토끼 눈이 되어 놀라는 계장.

재호 씨발놈아. 분위기 파악 안 되지? (담배에 불을 붙인다)

계장 (너무 놀라 말문이 막힌다)

현수 그 사진들, 밖에 있는 저 사람 동생들, 친구들한테 다 전송했어요. 일주일간 연락이 없거나, 우리가 면회가 안 되면 저 사진들 바로 검찰로 갈 겁니다.

재호, 응접실 테이블을 밟고 올라가 계장 앞에 쪼그리고 앉는다. 계장의 귀에 대고 속삭이는 재호.

재호 계장님. 나야 뭐 1년 정도 추가 뜨면 그만이지만… 수사 들어가면 내 입에서 누구 이름이 튀어나올까요?

대답이 없는 계장의 눈동자가 흔들린다.

S#030. 취장 (실내/새벽)

커다란 기름솥 옆에 피투성이가 된 성한이 팬티 바람으로 의자에 묶여 있다.

입에는 행주가 구겨져 물려 있고 눈에는 눈물이 가득 차 있다. 그 앞으로는 역시 피투성이가 되어 양팔이 묶여 쓰러져 있는 정식의 모습이 보인다.

그 앞에 의자를 놓고 앉아 있는 재호가 사과를 베어 먹으며 입을 연다.

(재호의 뒤에는 현수, 기름솥 옆에는 영근이 서 있다)

재호 제가 꼬마 때 선배님 자서전을 감명 깊게 읽은 기억이 납니다. 제목이 〈나는 밤마다 주먹으로 울었다〉. 크으. 근데 거기서 보니까 막 30명이랑 다구리 붙어서 이기고 그러던데. 그거 진짜예요? 난 선배님이 장풍도 쏘는 줄 알았다니까?

끓고 있는 커다란 기름솥에 튀김 반죽을 넣어보는 영근. 치이익 소리를 내며 튀겨지는 반죽.

영근 행님. 다 된 거 같습니다.

재호, 솥으로 걸어가 커다란 국자로 펄펄 끓는 기름을 뜬다. 재호, 망설임 없이 성한의 무릎과 허벅지 쪽으로 기름을 확 붓는다. 기름을 부으며 자신에게 기름이 튈까봐 한 발짝 빠지는 재호. 고통에 괴로워하며 신음하는 성한. 자신에게 몇 방울 튀겼는지 익살스럽게 아파하는 재호.
뒤에 묶여서 엎어져 있던 정식의 눈에 눈물이 고이며 정식이 울음을 터뜨린다.
현수, 살이 튀겨지는 소리와 냄새에 인상을 찌푸리며 코와 입을 막는다.
현수를 쓱 보더니 능글맞게 웃으며 말을 거는 재호.

재호 보기 좋은 꼴도 아닌데. 너는 나가 있지?

현수 이렇게까지 해야 돼요?

재호가 현수를 빤히 노려보자 마지못해 취장 문을 닫고 나가는 현수.
현수가 나가자, 재호가 성한의 입에 문 행주를 빼낸다.

성한 이런 개양아치 새끼가!

재호 이야~ 역시 정통 건달 선배님이라 여유가 있으시네. (성한 주위를 천천히 돌며) 뭐 하나만 물읍시다. 우리가 밖에서 뭐 겹치는 일도 없었는데 왜 날 잡으려고 하는 거요?

성한 … (자신의 주변을 도는 재호를 바라본다)

재호 계장 말로는 이리로 이감시켜달라고 힘 좀 썼다 그러던데. (긁적이며) 내가 도~저히 이해가 안 가서 그래요.

성한 나가 잘못했으니까… 여기서 끝내자…

재호 쯔쯔, 대답이 틀렸습니다.

재호, 다시 기름통으로 걸어가 한 국자 뜨려고 하자 그때 성한의 뒤에 엎어져 있던 정식이 입을 연다.

정식 고병철! … 고병철 회장입니다!

성한 야, 이 새끼야!

정식의 말에 멈칫하는 재호. 놀란 얼굴로 재호를 바라보는 영근.

정식 (울먹이며) 형님, 일단 형님 목숨이 더 중요한 거 아니겄소. 그짝들 오야지가 우리 형님에게 직접 부탁한 거요.

정식의 말에 체념한 듯이 두 눈을 감는 성한. 재호, 아무 말 없는 뒷모습.
생각에 잠긴 채 귀를 만지작거리는 재호의 위로 정식의 목소리.

영근(E) 야, 이 씨발놈아! 니 그 말에 책임질 수 있나?!

정식(E) 8월에 5키로 들어온담서. 우리 형님이 그짝 형님을 봐주면 3할을 우리한테 준다고 혔다니까…!

영근 구라까지 마! 새끼야!

영근, 쓰러져 있는 정식을 마구 걷어찬다. 정신을 잃어가는 정식.
뒤돌아 있던 재호가 고개를 돌려 입을 연다.

재호 야, 야, 그만해라. 이번 대답은 설득력이 있잖아. (성한에게 다가가며) 그쵸?

성한 (재호를 노려보며) 니가 나한테 이러고 여기서 나가면 무사할 것 같애?

재호 (끄덕이며 성한에게 다가간다)

성한 나 김성한이야… 내가 오늘 일은 잘 기억해둘…

말이 끝나기도 전에 성한의 입에 행주를 처넣는 재호.
카메라가 빠지면 국자를 들고 서 있는 재호의 모습.

재호 우리한테 오늘내일이 어딨다고 협박을 하세요. (웃음) 여기 사고사로 뒤지는 인간들이 얼마나 많은데.

성한의 머리 위로 끓는 기름이 가득 담긴 국자를 천천히 가져간다. 머리를 흔들며 신음하며 발버둥치는 성한.

재호 나 보세요. 아유 참. 날 보라니까.

계속해서 머리를 흔들며 발버둥치는 성한.

재호 나 안 보면 안 끝납니다.

성한, 포기한 듯이 움직임을 멈추고 재호를 노려본다.

성한 (재호를 노려보며) 이 씨발새끼.

성한의 말을 듣고는 미소 짓는 재호. 국자가 천천히 기울어지면서 기름이 쏟아진다. 살이 튀겨지는 소리와 함께 웃는 재호의 얼굴 위로 모락모락 김이 올라온다. 식당 쪽에서 이를 훔쳐보는 현수의 얼굴. 흔들리는 눈동자.

S#031. 오세안무역 – 사무실/주차장 (실내, 실외/낮)

전 씬의 무시무시했던 모습과는 반대로 귀엽게 모자를 뒤로 쓰고 타석에 들어서는 재호, 진지한 모습으로 투수를 노려본다. 투수인 현수가 와인드업을 한 후, 힘차게 공을 뿌린다. 시원하게 헛스윙하며 자빠지는 재호. 애꿎은 포수 영근을 발로 차며 뭐라고 한다.

S#032. 오세안무역 - 병철 사무실 (실내/낮) — 현재

야구를 하고 있는 모습을 창밖으로 바라보고 있는 병철.

병철 (병갑에게 다가가며) 김성한이 그 양반 말이야. 심장마비로 간 건 확실 해? 우리 재호가 내 뒤꼭지 치는 건 아니고?

병철의 뒤쪽에 놓인 소파에 앉아 아이스커피를 빨대로 빨아 마시며 대답하는 병갑.

병갑 아유~ 또 그러신다. 제가 다 확인했다니까요. 원래 혈압이 좀 높았답니다.

병철 (끄덕) 사람이 나이가 많아지면 말이야, 의심도 많아지는 법이거든.

병철의 눈치를 보던 병갑이 입을 연다.

병갑 삼촌… 재호, 근데 다시 작업하실 거예요? (갸우뚱) 그래도 아직은 쓸모가 있는데…

병철 고아원 동기라고 감싸는 거냐?

병갑 (일어나면서 웃는다) 아유, 삼촌 설마요! 이거는 가족 비지니슨데…

병철, 병갑에게 다가가며 입을 연다.

병철 조카야, 내가 가끔은 모질게 해도 너 믿는 거 알지?

병갑 네. 잘 알고 있습니다.

병철 그래. 그럼 뭐 하나만 물어보자. 길에서 떨고 있는 불쌍한 똥개 새끼 한 마리를 주워다가 먹이도 주고 빗질도 시켜서 잘 키워놨어. 이젠 제법 털에 윤기도 나고 살도 붙더라고. 근데 얘가 덩치가 커지더니 언젠가부터 꼬리 흔드는 횟수가 줄어드는 거야. 가끔은 짖기도 하고 이빨도 보여. 더 웃긴 건 이제 지가 개새끼라는 걸 몰라요. 주인은 도대체 얘를 어떻게 해야겠냐?

그때 병철의 뒤쪽에서 유리창이 깨지며 야구공이 날아온다. 깜짝 놀라며 몸을 수그리는 병철. 바닥에 구르는 야구공.

병갑 (창밖으로 다가가 내며보며) 뭐 하는 거야, 새끼야! 회장님 다칠 뻔했다!

재호 간만에 공 치니까 힘 조절이 안 되네. 죄송합니다, 회장님!

얼굴이 붉으락푸르락해지는 병철. 이를 꽉 깨문다. 창으로 걸어가며 웃는 얼굴로 변하며 말한다.

병철 (웃으며) 그래…

재호, 병갑을 향해 꾸벅 고개를 숙인다. 병철, 돌아서며 병갑을 향해 말한다.

병철 저렇게 놔두면 언젠간 물게 돼 있어. 고상무, 이번 러시아 건 끝내고 복날 새로 잡자.

S#033. 인천 시내 거리 (실외/밤) — 과거

사이렌 소리와 함께 달리는 경찰차 창밖으로 열 명가량의 사내들이 달리고 있는 모습이 보인다. 신나는 로큰롤 음악이 화면을 가득 채우고 경찰들과 사내들의 추격전이 벌어진다. 좁은 골목으로 들어 도망가는 사내들. 이를 쫓는 경찰들.
후드티를 뒤집어쓰고 골목을 내달리는 현수의 시선으로 골목 끝에서 팔이 하나 쑥 들어온다. 팔이 목에 걸리며 몸이 붕 뜬 채로 바닥에 떨어지는 현수.
후드 모자가 벗겨지면 하얗게 탈색된 머리의 현수의 얼굴.
이를 내려다보는 팔의 주인공 민철. 민철의 얼굴을 확인한 현수가 한숨을 내쉰다.

현수 아이 씨. 일 참 와일드하게 하시네. … 갑자기 뭔 일이래요?

S#034. 오세안무역 지역방송 광고 (실외/낮)

대한민국의 사건 사고 자료가 보이면서 그 위로 묵직하고 진지한 성우의 음성이

들린다. 、

성우(E) 대한민국의 정치, 사회, 경제가 부패해가고 있습니다.

생선의 부패과정이 저속 화면으로 빠르게 지나가며 그 위로 다시 진지한 성우의 목소리.

성우(E) 마치 바다를 빠져나온 해산물처럼. 하지만…

조악한 CG화면으로 바닷속에서 여자 모델 둘과 촌스런 CM송에 맞춰 춤을 추는 병철. **"오세안무역~ 700가지 싱싱한 해산물이 있는 곳~ 오세안무역 홈쇼핑~"** 병철이 화면 가까이 다가와 자신 있는 목소리로 외친다.

병철 이제 전화 한 통화면 전국 어디서든 싱싱한 해산물을 맛볼 수 있습니다.

그런 병철의 모습에서 스톱모션이 걸린다.

S#035. 경찰청 회의실 (실내/낮)

사무실 안 커다란 TV화면으로 광고 영상을 보고 있는 천팀장과 제복 차림의 부산 경찰청장. 그리고 상석에 앉아 있는 정장 차림의 오검사가 심드렁한 표정으로 입을 연다.

오검사 대체 우리가 왜 이걸 보고 있는 거야?

청장 (눈치를 보며) 절마가 이번 프로젝트 주인공입니다.

TV화면에 우스꽝스럽게 반쯤 감은 눈을 뜬 병철의 모습.

천팀장 이름 고병철, 나이 쉰두 개. 현재 오세안무역 회장이자 현재 부산 남부수산조합의 조합장을 맡고 있습니다.

서류철을 오검사에게 건네는 천팀장. 오검사, 서류를 열어보면 병철의 사진이 보인다.

오검사 (시큰둥) 아, 고회장.

천팀장 원래는 이태원 호텔 나이트에 러시아 무용수 대는 일을 하다 블라디보스톡의 게가드 파랑 연을 맺게 됩니다.

오검사가 서류를 한 장 넘겨보면, 병철이 러시아 남자와 악수를 하는 사진이 보인다.

S#036. 선상 위 (실외/오후)

사진 속의 모습이 화면으로 바뀌며, 선상에서 게가드와 악수를 나누며 이야기를 나누는 병철과 재호. 그 위로 천팀장의 설명.

천팀장(E) 비탈리 게가드는 러시아 군장교 출신으로 현재 부산 지역 항만에 정박하는 70~80척 되는 화물선 지분을 소유하고 있습니다.

그때 게가드의 얼굴 위로 울리는 핸드폰 벨소리. 두리번거리는 게가드.

S#037. 경찰청 회의실 (실내/낮)

벨소리가 사무실에 울린다. 전화를 받는 오검사.
한숨을 내쉬며 청장과 눈을 마주치는 천팀장.

오검사 여보세요? 어… 아, 라운딩 좋지. 어디? (천팀장을 한번 쓱 보고는) 자기야, 내가 끝나고 전화할게. (전화를 끊고) 계속해봐.

천팀장 네. 2008년 고병철은…

S#038. 오세안무역 앞 (실외/오전)

병철의 회사 개관식. 길게 늘여진 오색 테이프를 가위로 자르는 병철과 재호. 그 뒤로 병갑의 모습도 보인다. 찰칵 소리와 함께 스틸이 걸린다.

천팀장(E) 부산으로 내려와 수산물 수입업체 오세안무역을 차리게 됩니다. 말이 수입업체지, 밀수 주식회사라고 보시면 됩니다.

S#039. 항구 (실외/낮)

박스 열리며 이를 내려다보는 재호, 병철, 병갑의 모습이 보인다. 박스 안에 있는 생선들과 꽃게들. 점선 표시로 숨겨져 있는 필로폰 그램 수가 생선들과 꽃게들에 표시되어 있다.

천팀장(E) 명태랑 킹크랩 박스 안에 필로폰, 해시시, 코카인까지 작년에만 15킬로 이상 들여온 걸로 추정하고 있습니다.

S#040. 경찰청 회의실 (실내/낮)

몸으로 의자를 뒤로 젖히는 심드렁한 표정의 오검사.

오검사 그럼 그때 잡았어야지, 왜 소 잃고 외양간을 고쳐? 우리나란 이게 문제야. 이거 접고 아기자기하고 실속 있는 걸로 가져와요. 왜 연예인 애들 대마초 같은…

천팀장 (오검사의 말을 끊으며) 네. 알겠습니다.

천팀장, 일어나서 서류 등을 챙긴다. 순순히 물러서는 천팀장을 의아하게 바라보는 청장. 그때 서류를 챙기다 멈추는 천팀장.

천팀장 아니 그러지 말고 이번 기회에 우리 뽕을 정식으로 수입을 합시다. 그거 맞으면 기분이 그렇게 존나게 좋다던데 국민들 해피해지게 나라에서…

청장 야!

천팀장 왜!

천팀장의 고함에 벙찐 오검사와 청장.

천팀장 … 요.

S#041. 경찰청 주차장 (실내/낮)

천팀장 빠른 걸음으로 청장을 쫓아가며 입을 연다.

천팀장 진짜 왜요!

청장 경제적인 문제란다. 정부가 러시아랑 협상해서 따오는 어획 쿼터량이 매년 줄어드는데 마피아 애들이랑 연계된 줄마저 끊기면 그 수요량을 감당할 수가 없다는 거야.

천팀장 멈춰 서서는 한숨을 내쉰다.

천팀장 생선 때문에 마약을 못 잡는다? (헛웃음) 참 나.

청장 (계속 걸으며) 제발 성질 좀 죽이고 그냥 시키는 대로 해.

천팀장 시키는 대로 아기자기하게 일하면 본청은 언제 올라가시려구요?

걸음을 멈추고 천팀장을 돌아보는 청장.

천팀장 한재호 3년이면 나와요. 그때 되면 크게 묶어서 메이드시킬 수 있어요.

청장 어떻게 할 건데?

천팀장 잠입조 쓸게요. 모르는 척만 해주세요.

S#042. 잠입조 작업실 복도 (실내/낮)

민철이 걸어오며 통화를 하고 있다. 그 뒤로 민철을 따라오는 현수와 승필의 모습이 보인다.

민철 잠입조 소집했습니다.

S#043. 잠입조 작업실 (실내/저녁)

지하에 설치된 잠입조 작업실로 천팀장의 차가 들어온다. 천팀장의 차가 끼익 소리가 나며 들어오면 저 옆쪽에 작업실 테이블에 앉아 있는 민철과 현수, 승필의 모습이 보인다. 칠판과 벽에는 병철, 재호 그리고 병갑의 사진과 자료들로 도배되어 있다. 작업실 테이블 주변에 앉아 있는 승필과 현수.

cut to

천팀장이 테이블 위로 두툼한 서류를 탁! 하고 내려놓는다.

천팀장 3년짜리야.

승필 (한숨) 하이고. 길다 길어. 업체는 어디 끼고 가요?

민철 없어요. 경찰, 검찰, 국정원, 세관. 아무도 모르는 일입니다.

현수 무슨 휴전선이라도 넘어가나보네.

천팀장 한 명은 취직이고, 한 명은 입학이야.

순간, 자리에서 바로 손을 드는 현수.

현수 제가 취직할게요.

승필 야, 얌마, 손 내려, 새꺄! 넌 결혼도 안 했잖아. 난 색시에다가 우리 도롱이까지, 처자식이 있는 놈이야! 팀장님. 우리 도롱이가 엊그제 입을 뗐어요. 첫 마디가 뭔지 알아요? 뭔지 알아?

현수 여기 가족 팔기 있어요? 나는 엄마가 아파요. 팀장님도 아시잖아요.

승필 도롱이 생애 첫마디가 글쎄 '대디!' 태교음악을 수입산만 존나게 들었더니 '대디!' 응? 아빠!

천팀장 조현수.

현수가 바라보면…

천팀장 이번엔 니가 고생 좀 하자.

멍하니 있던 현수가 자리에서 일어나며…

현수 아니, 팀장님… 이런 막중한 임무에 왜 나 같은 신삥 애송이를 쓰십니까?

천팀장 캐릭터 안 맞게 왜 이렇게 겸손하실까? 교육 때 훈련 점수 1300 넘은 사람은 아무도 없었어.

승필 (엄지손만 치켜든다)

현수 (천팀장에게 다가가며) 팀장님 이게 말이 됩니까? 갑자기 죄도 없는 사람을 빵에 가둬서 죄수가 되라고 하세요! 아니 왜 차라리 이태원에서 흑인으로 활동을 하라고 하시지? 내가 팀장님 때문에 이 일 시작한 거 밥 먹다가도 열 번은 후회하는 사람이에요, 내가! 분명히 얘기했어요, 나. 절대 못 해! 아니 안 해!

디졸브.

작업실에 천팀장과 현수만이 남아 있다.

두 손으로 얼굴을 가리고 있는 현수. 침묵을 깨고 입을 여는 천팀장.

천팀장 어머니 신장 구해줄게.

현수 …

천팀장 맞는 신장 찾을 때까지 투석비는 우리 쪽에서 부담할 거고.

현수 …

천팀장 어떡할래? 너 말고도 선수는 많아.

S#044. 병원 투석실 (실내/오전)

창백한 얼굴의 현수모가 눈을 감고 투석을 받고 있다. 그 앞에 서서 애처롭게 엄마를 바라보는 현수.

S#045. 현수네 집 거실 (실내/밤)

생활감이 느껴지는 허름한 아파트. 반찬이 가득한 식탁에 앉은 현수가 밥을 먹고 있고 현수모가 반찬을 계속 가져다 나른다.

현수 아 그냥 좀 앉아서 같이 먹어.

현수모 너나 먹어. 삐쩍 곯아가지고.

현수 포기한 듯 고개를 가로젓고 밥 한 숟갈을 떠넣는다. 현수 옆에 앉는 현수모.

현수모 그래서… 이번엔 얼마나 걸려?

현수 … (말없이 밥을 먹는다)

현수모 (빨래를 개며) 갑자기 찾아온 거 보면 또 얼굴 보기 힘든 거 아냐.

현수 … 투석 잘 받고, 약 잘 챙겨 먹고 있어. 신장은 내가 어떻게 해볼 테니까. 그리고… 그렇게 아픈 사람 티 좀 그만 내고 뭐라도 좀 바르고 다녀.

현수, 탁자 위에 화장품을 하나 툭 하고 올린다. 돌아보는 현수모.

현수모 나이 먹고 뭘 그런 걸 발라. 일없어.

S#046. 카페 야외 테라스 (실외/낮)

A4용지로 묶인 시나리오를 들고 읽는 현수. 그 모습을 바라보고 있는 천팀장, 승필, 민철.

현수 홍콩에서 인천항으로 들어오는 화물선이었는데, 대나무 2만 단이랑 에페드린을 좀 숨겨서 들어왔거든. 새벽 2시에 정박을 했는데, 정보가 샌 거지. 항구에…

천팀장 (손을 들어 멈춘다) 레포트 발표하니? 지금 무용담 얘기하는 거야.

현수 현장 가면 잘할 수 있어요.

천팀장, 집중하지 못하고 건너편 테라스 테이블을 입 벌리고 보고 있는 승필을 보고는…

천팀장 … 뭐 해?

승필 (감탄하며) 이야, 처자들 참 곱네.

모두 승필이 바라보는 곳을 바라보자 야한 옷차림의 20대 여성들이 셀카 삼매경에 빠져 있다. 이를 바라보는 현수, 승필, 민철.

현수 (다시 돌아보며) 선배님, 거 일 좀 합시다. 애기 아빠란 사람이 이런 시력은 참 좋으셔.

천팀장 톤 올려서 제대로 해봐. 거기선 주먹만큼 혓바닥이 중요해.

현수, 헛기침을 하고는 다시 톤을 높여 대사를 읽는다.

현수 우리가 새벽 2신가에 딱 정박을 했는데, 정보가 샌 거야. 항구에 개떼들 깔렸다고. 씨발 어쩌겠어!

S#047. 재소자 식당 (실내/낮)

이어서 죄수복을 입은 현수가 일어서서 왔다 갔다 하며 계속 얘기를 하고 있다. 그 앞에 재호와 영근을 비롯한 똘마니들, 장목사가 현수의 얘기를 듣고 있다.

현수 일단 대나무만 내리고 배 안에서 일주일 동안 짱 박혀 있었는데, 거기에 중국서 쌔벼온 짝퉁 비아그라가 굴러다니고 있었거든요. 조선족 애들이 그걸 장난삼아 먹었는데, 완전히 떼로 발정이 난 거지.

장목사 그게… 짝퉁인데도 효력이 있나보네.

현수 결국 걔네들이 성욕을 못 참고 우르르 배에서 내린 거예요. 그러다 내린 지 10분도 안 돼서 순찰조에 딱, 잡힌 거지. 근데 이게 우리한텐 또 미끼가 돼준 거야. 걔네 연행되는 동안, 트럭 불러서 물건 내리고 빠져나왔거든요.

재호 잡혀간 조선족 애들은?

현수 (자리에 앉으며) 이미 물건 다 뺐는데. 걔네도 증거가 없으니까 조사만 받고 나왔죠.

현수의 무용담에 마치 스포츠 경기에서 이긴 듯 환호성을 지르며 박수를 치는 재소자들.

장목사 할렐루야! 비아그라가 모두를 살렸구만.

재호 (웃으며) 그게 원래 죽은 거 다시 살리는 거니까.

재호의 말에 웃음 짓는 죄수들. 혼자 웃지 않고 얘기를 듣고 있던 영근이 입을 연다.

영근 그럼 니 기동이 형님이라고 아나?

현수 … 뭐?

영근 인천서 조선족이랑 일했으면 기동이 형님 모를 리가 없을 긴데… 김기동.

현수, 영근의 말에 괜히 테이블에 있던 음식을 들고 입에 넣고 우물거린다.

현수 (이제야 생각난 듯) 아~ 그 기동이 형?

영근 형님 요새 뭐 하고 지내시나?

현수 그 형이야… (계속해서 음식을 먹으며) 똑같지 뭐.

영근 그라믄 기동이 형님 여동생은 잘 있나?

선뜻 대답을 하지 못하는 현수, 괜히 웃으며 재호를 바라본다. 물끄러미 현수를 바라보는 재호.

영근 왜 기동이 형님이 만날 달고 다니는 이쁘장한 딸내미.
기동이 형님 아는 사람들은 다 알 긴데, 김가연이. 모르나?

모두들 현수를 바라보고 있다. 현수, 말문이 막힌 듯이 있다가…

현수 … 이거 어쩌냐? 가연이 작년에 시집가버렸는데.

현수의 말에 픽 웃으며 영근에게 어깨동무를 하는 재호. 재호가 웃자 따라 웃는 재소자들, 영근을 위로한다.

"니 차인 거야?" "아입니다, 그런 거!"

S#048. 교도소 운동장 (실외/낮)

재호와 현수가 즐거운 표정으로 알까기를 하고 있는 모습이 보인다.

cut to

운동장 테이블에 마주 앉아 생라면을 부숴 먹고 있는 재호, 현수.

재호 생각보다 잘 지내네. 자긴 이 생활이 잘 맞나봐.

현수 (웃음) 뭐 사람 사는 데야 다 똑같지. 근데 형. 나 방이 너무 좁아. 직원들한테 얘기 좀 해서 좀 옮겨줘요. 제일 넓은 방으로다가.

재호 제일 넓은 방? 내 방인데?

재호를 빤히 바라보는 현수. 그런 현수를 바라보며 어이없다는 듯이 웃는 재호.

S#049. 교도소 – 공중전화가 있는 운동장 (실외/오후)

교도소 운동장에 있는 공중전화에서 통화를 하고 있는 현수의 모습.

현수 걱정 마세요, 엄마. 여기 다들 잘해줘요.

S#050. 천팀장 사무실 (실내/오후)

사무실에 앉아 현수와 통화를 하는 천팀장. 그 뒤로 민철이 보인다.

천팀장 다행이네. 한재호, 그렇게 물렁물렁하지가 않은데. 손톱은 좀 들어가고 있는 것 같애?

S#051. 교도소 – 공중전화가 있는 운동장 (실외/오후)

현수 좀 두고 봐야 될 것 같아요. 다른 소식은요?

천팀장(E) 축하해. 신장 구했어. 어머니 곧 수술 들어갈 거야.

천팀장의 말에 기쁨에 안도하는 현수의 표정.

그때, 갑자기 현수의 뒤로 나타나는 재호.

재호 기분 좋은 일 있나보네.

현수 (재호를 바라보며) 네. 또 연락할게요, 엄마.

전화를 끊는 현수. 재호에게 웃어 보인다.

cut to

교도소 운동장에서 재소자 사이를 걷는 현수와 재호.

재호 너는 아가씨 목소리도 아이고 엄마 목소리 듣는 게 좋냐?

현수 형도 참 팍팍하다니까. 가족애라는 것도 몰라요?

재호 나는 가족 같은 거 안 키워서 공감대 형성이 안 돼요.

현수 왜, 형도 밖에 형님 동생 하는 식구들 있잖아. (은근슬쩍) 나도 여기서 나가면 진짜 거기나 들어갈까?

재호 … 내가 그 얘기 그만하라고 했지?

현수 … 알았어요. 왜 정색을 하고 그래.

S#052. 교도소 면회실 (실내/오후)

가림막 없이 기다란 테이블이 있는 면회실.

죄수복을 입은 재호가 면회실 안에 앉아 벽에 노란 고무공을 던지며 튀기고 있다.

재호의 뒤쪽에서 은밀하게 얘기하는 병갑. 선글라스를 쓰고 있다.

병갑 얼마 전에 여기 김성한이 왔었담서?

재호 아, 그 양반. 오시자마자 심장마비로 가버렸다.

병갑 다행이네. 내가 알아봤는데, 우리 삼촌이… 김성한이한테 니 작업하라고 시킨 것 같더라.

재호, 건성건성 끄덕이며 고무공을 계속해서 벽에 던지며 튀긴다.

병갑 (씨익) 개새끼. 심장마비는 무슨…

미소 짓는 재호, 튀긴 공을 손으로 낚아채 잡아내고는 등을 돌려…

병갑 어쩔래? 나와서 삼촌 칠 거면 준비해놓고.

재호 이거 완전 무자비한 새끼네. 너 인마, 어떻게 혈육 제낀다는 얘기를 그렇게 쉽게 하고 그래.

병갑 (발끈) 애비 뒤진 조카새끼 고아원에 처박아놓은 게 혈육이냐! (재호에게 다가와 선글라스를 벗으면 눈에 피멍이 들어 있다) 봐라! 며칠 전엔 평양냉면이 아니라 함흥냉면 시켰다고 면상에다 재떨이를 던졌다니까!

재호 (웃으며) 에이~ 그건 니가 잘못했네.

병갑 (재호를 노려보다 어이없이 웃는다)

재호 어차피 전쟁하면 애들 다 돈 있는 쪽에 붙을 건데. 불리해. 지금은 우리가 숨죽이고 푹 숙이고 있자.

병갑 아유 씨발. 노인네 따가리 짓도 토 나온다 진짜.

재호 … 그건 그렇고. 알아봤어?

병갑 (웃으며) 아, 그 조현수라는 애? 걔 인천 금학이네 있었던 거 맞던데?

안도감을 느끼며 끄덕거리고 일어서는 재호.

S#053. 냉동창고 (실내/오전)

냉동창고 문이 열리며 들어가는 천팀장과 민철. 냉동창고의 관리인이 인부들에게 소리 지른다.

관리자 야, 그거 올려!

커다란 얼음이 제빙실에서 우우웅 소리를 내며 올라온다. 얼음 안에 얼려져 있는 승필의 시체.

–INS. 씬 1에서 승필이 러시아 선원으로부터 뒤통수에 총격을 받아 쓰러지는 장면이 스친다.

싸늘한 표정으로 얼려진 승필의 시체를 바라보던 천팀장이 중얼거린다.

천팀장 씨발. 얘네들 재밌게 노네. (뒤로 다가오는 민철에게) 국과수 들어가기 전에 정승필 경찰기록 삭제해.

민철 (끄덕) 조현수는… 괜찮을까요?

천팀장 (민철을 보지 않고 생각에 잠긴 채) 아직 잘 살아 있잖아.

민철 하긴, 거기선 노출되긴 힘들겠죠. 이거 안 알리는 게 낫겠어요. 괜히 알게 되면 그 새끼 다 작전이고 뭐고 다 빠그라질 수도…

천팀장 (민철의 말을 자르며 걸어나간다) 조현수 어머니 수술 날짜가 어떻게 돼?

S#054. 한적한 2차선 도로 (실외/아침)

가방을 들고 통화를 하며 인도를 걷고 있는 현수모.

현수모 저 오늘 입원해요. 팀장님께 감사하다고 인사드리려구요.

천팀장(E) 네. 수술 잘 받으세요.

현수모 네. (웃음) 우리 현수, 잘 있는 거죠? 네. 잘 부탁드립니다.

전화를 끊고 길을 건너는 현수모, 화면에서 프레임 아웃된다.
빈 화면에서 부우웅 차가 달려오는 소리에 이어 끼이익 퍽! 하고 부딪히는 소리가 들린다. 빈 화면으로 튀어나오는 가방. 그 가방 속에서 현수가 사준 화장품이 도로 위로 떨어진다.

S#055. 교도소 운동장 (실외/낮)

운동장 붉은 벤치에 누워 파란 하늘의 햇빛을 바라보고 있는 현수. 현수의 시야(하늘)에서 재호가 들어와 현수를 내려다본다.

재호 광합성 중이야?

현수 (환히 웃으며) 날씨 좋잖아요.

재호도 현수를 따라 하늘을 본다.

재호 와, 진짜 햇빛 죽인다.

붉은 벤치에 누워 있던 현수가 고개를 돌려 옆을 바라보면…

S#056. 한적한 2차선 도로 (실외/낮)

현수의 시선을 받아 도로에 누워 있는 현수모. 머리 뒤에서 붉은 피가 흘러나온다.

휑한 도로에 홀로 누워 있는 현수모의 시신.

S#057. 재호의 감방 (실내/낮)

침대에 걸터앉아 교도관에게 무언가 이야기를 듣는 현수의 모습. 멍한 표정.

cut to

재호가 감방 앞에 몰려 있는 죄수들 틈을 비집고 들어와 철창 안을 바라보면,

울부짖으며 교도관의 멱살을 잡고 있는 현수를 다른 교도관들이 뜯어말리고 있다.

현수 씨발, 장난이라고 말해! 구라라고 말하라고, 이 개새끼야! 놔, 놔! 씨발놈들아, 놔!

철창 밖에서 그 모습을 바라보는 재호. (고속)

감방 안에서 몸부림치는 현수의 모습. (고속)

S#058. 잠입조 작업실 (실내/오후)

불 꺼진 잠입조 작업실. 탁자 위에 있는 천팀장의 핸드폰 진동이 드르륵 울린다. 침울하고 괴로운 표정으로 턱을 괴고 있는 천팀장. 천팀장의 손에는 붕대가 감겨져 있다. 천팀장의 뒤로 오세안무역 조직 계보도가 붙어 있다. 천팀장, 입술을 꽉 다물고 전화를 받는다.

S#059. 교도소 운동장 / 잠입조 작업실 (실외, 실내/오후)

빨갛게 충혈된 눈으로 공중전화 수화기를 들고 다급하게 이야기하는 현수.

현수 나 여기서 나가야 돼요. 제발 하루만이라도 그렇게 해주세요. 나 없으면 우리 엄마 장례 치를 사람도 없어요.

천팀장(E) … 니가 모범수가 아니라서 귀휴 허가 받기가 힘들어.

현수 씨발, 내가 누구 때문에 이렇게 된 건데!

현수가 소리 지르자 돌아다니던 재소자들이 공중전화 부스를 바라본다.
몸을 돌려 수화기를 손으로 가리고 울먹이며 얘기하는 현수.

현수 제발요… 시키는 건 뭐든지 다 했잖아요…

자리에서 일어서서 벽에 붙은 조직 계보도 앞에 선 천팀장. 병갑의 옆에 붙어 있는 승필의 사진을 떼어낸다.

천팀장 지금 내가 해줄 수 있는 건 아무것도 없어.

현수 씨발, 그러지 말고… 무슨 수라도 좀 써봐요. 2년 넘게 이 개 같은 곳에 박혀 있는데. 우리 엄마 묻을 곳도 못 찾게 해요? (나지막이) 나 안 내보내주면… 다 까발려버릴 테니까.

현수의 말에 표정이 확 굳어지는 천팀장.

천팀장 너, 지금 날 협박하는 거야?

현수 …

천팀장 조직 계보도에 붙어 있는 현수의 사진에 손을 가져다 댄다. 마치 떼어낼 듯한 현수의 사진.

천팀장 여기서 니 기록 삭제하면 넌 그냥 전과자로 남아. 너 내가 그러길 원해?

천팀장의 말에 현수의 눈에 서서히 눈물이 고인다.

현수 어떻게… 어떻게 나한테…

천팀장, 현수의 사진을 손으로 눌러 더 단단히 붙인다.

천팀장 현수야… 너 지금 어리광 부릴 때 아니야.

현수 나 여기서 나가면… 진짜 당신 죽여버릴 거야…

천팀장 (끄덕) 그래. 그러려면 니 몸부터 온전히 살아서 나와.

현수 …

S#060. 재호의 감방 (실내/저녁)

바닥에 재호를 등지고 누워 있는 현수. 그런 현수의 얼굴 위로 들리는 천팀장의 목소리.

천팀장(E) 조심해. 정승필이 노출됐어. 시신도 발견됐고. 목 내놓고 사는 게 우리 일이잖아.

재호, 일어나 현수에게 다가가 어깨에 천천히 손을 올려 다독거린다. 움찔하는 현수. 순간, 재호의 팔을 뿌리치며 몸을 벌떡 일으키는 현수.

현수 씨발, 건드리지 마!!

현수를 벙찐 표정으로 바라보는 재호. 그러고는 다시 입을 여는 재호.

재호 그래. 니 기분 이해한다.

현수 이해? 너 같은 새끼가 뭘 이해해.

재호 … (한숨을 내쉬며) 알았다. 자라.

재호, 뒤돌아 가려는데, 현수가 재호를 잡아 돌린다.

현수 씨발놈아! 니가 내 기분을 어떻게 아냐고!

재호 너… 후회할 짓 하지 마라.

위협적으로 현수에게 한 발자국 다가서는 재호. 위협을 느낀 현수가 순간 재호의 얼굴을 후려친다.

재호 너… 지금 뭐 한 거냐?

재호의 표정에 두려움을 느낀 현수. 하지만 두려움을 이겨내려는 듯 소리를 지르며 다시 재호에게 달려든다. 좁은 감방 안에서 두 사내의 격투가 벌어진다. 서로 치고받는 격렬한 개싸움으로 두 남자의 거친 호흡이 좁은 감방 안을 뒤덮는다. 기술적으로 다듬어진 듯한 현수의 격투와 둔탁한 재호의 격투가 대조를 이룬다. 하지만 힘에서 역부족인 현수를 재호가 잡아서 바닥에 내동댕이친다.

현수 위에 올라타, 주먹을 쥐고 현수의 얼굴에 한 방 먹이려다가 참는 재호.

밑에 깔린 채로 노려보며 씩씩대는 현수.

그 철장에 갇힌 두 사람의 모습이 달빛에 반사되어 교도소 벽에 그림자로 보인다.

그때 철창문이 열리면서 교도관들이 두 사람을 뜯어낸다.

S#061. 보안계장실 (실내/오전)

보안계장이 커피를 타서 앉아 있는 현수에게 건넨다. 예전과는 사뭇 다른 친절한 태도.

계장 참, 별일이네. 불알 두 짝마냥 붙어서 나 엿 먹일 땐 언제고.

현수 용건만 얘기하세요.

계장 너 오늘 외출이야. 직원 두 명 같이 갈 거다. 수갑도 채울 거고.

현수, 놀란 얼굴로 계장을 바라본다. 현수에게 쪽지를 내민다.

계장 식장 주소. 장례 비용은 한재호가 지불했다.

S#062. 교도소 운동장 (실외/낮)

교도관 두 명과 함께 교도관의 차 쪽으로 걸어가고 있는 현수.

계장(E) 나한테 와서 너 귀휴 심사도 통과시키라고 아주 으름장을 놓고 가더라. 근데 그건 소장 소관이잖냐. 외출로 만족하자.

현수가 고개를 돌려 운동장 쪽을 바라보는 시선 안으로, 한쪽 눈이 부은 채로 다른 재소자들과 손야구를 하고 있는 재호의 모습이 보인다. 재호, 교도관과 걷고 있는 현수와 눈이 마주친다. 씨익 웃으며 장난스럽게 가운데 손가락을 내미는 재호. 재호를 바라보는 현수의 눈가가 고마움과 미안함으로 촉촉해진다.

S#063. 영안실 (실내/오후)

수의를 입고 누워 있는 현수모를 멍하니 바라보는 현수. 한 손으로 엄마의 창백한 얼굴을 어루만진다. 무릎을 꿇고 오열하는 현수. 텅 빈 영안실에 현수와 엄마의 시신만이 남아 있다.

S#064. 교도소 운동장 (실외/해 질 무렵)

고개를 숙이고 교도관을 따라 천천히 걷는 슬픈 얼굴의 현수. 그러다 무언가를 발견한다. 현수에게 서서히 다가와 말없이 어깨를 한번 토닥이는 재호. 걸어가는 현수와 재호의 얼굴 뒤로 따라오는 재호의 무리. 마치 한 가족인 듯한 모습.

S#065. 취장 (실내/밤)

마주 앉아 소주잔을 기울이는 재호와 현수.

현수 아빠 얼굴은 기억도 안 나. 나한텐 그냥 엄마밖에 없었어요. 완전히, 세상에 혼자 버려진 기분이에요.

(울먹거리며 한숨) 됐다… 형이 뭘 알겠어요.

현수의 말을 묵묵히 듣고 있던 재호 입을 연다.

재호 너, 세상에서 나를 맨 처음 죽이려고 한 게 누군지 알아? 우리 엄마란 사람이다.

현수 …

재호 우리 꼰대는 술만 처먹으면 마누라랑 자식새끼 패는 걸 낙으로 삼았어. 술만 안 먹으면 멀쩡한 양반인데. 문제는 매일 술을 처먹는다는 거지.

재호, 아무렇지도 않게 웃으면서 계속 얘기한다.

재호 열두 살 땐가, 가족끼리 집에서 밥을 먹는데 뭔가 쌔~한 거야. 밥맛도 이상하고 엄마란 사람은 내 눈을 계속 피하고. 그래서 밥 처먹다 말고 화장실로 뛰어가서 목구멍에 손가락 쑤셔넣고 변기에 다 토해버렸어. 그러고 나가보니까… (웃음) 부모란 양반들이 쌍으로 사이좋게 거품 물고 뒤져 있더라.

현수 미안해요. 형… 나는…

재호 (됐다는 듯 손사래를 치며) 버려지는 거에는 나도 꽤 익숙해. 아무튼 이 이야기의 교훈은… (현수를 빤히 바라보며) 사람은 믿지 마. 상황을 믿어야지.

현수 …

재호 현수야, 여기서 나가면… 진짜로 나랑 일할 생각 있냐?

재호의 말을 듣는 현수의 눈동자가 흔들린다.

재호 (웃으며) 씨발, 너 좋으면 그래, 하자. 버려진 새끼들끼리 뭉쳐보는 거지, 뭐. (뒤통수를 긁적이며) 나도 뭐, 너랑 같이 있으면 재미있을 것 같기도 하고. 대신에 너도 나랑 지낼 거면…

현수 (재호의 말을 끊으며) 형… 나 경찰이야.

재호 …

소주잔을 들이켜다 순간 굳어진 표정으로 현수를 바라보는 재호.
서서히 암전.

S#066. 잡입조 작업실 (실내/밤) — 현재

차가 끼이익! 소리를 내며 선다. 벌컥 문이 열리며 급하게 내리는 천팀장.

천팀장 어떻게 된 거야?

위장된 작업실의 컴퓨터 앞 의자에 앉아 있던 민철과 장비 전문가 용찬이 급하게 천팀장을 맞는다.

민철 갑자기 신호가 끊겼습니다.

천팀장 노출된 거야, 뭐야?

용찬 그냥 사고예요. 시계가 부서진 거 같아요.

천팀장, 의자에 앉아 헤드폰을 쓰며 입을 연다.

천팀장 파일 열어봐.

용찬이 잽싸게 뛰어가 모니터를 켠다. 모니터에는 각각 날짜와 시간이 적혀 있는 폴더로 가득하다. 맨 밑에 있는 폴더를 클릭하여 파일을 여는 용찬. 천팀장의 헤드폰으로 카메라가 서서히 줌인하면 어떤 남자(최선장)의 목소리가 들린다.

최선장(E) 어디서 무슨 얘길 듣고 와서 이렇게 이러는지는 모르겠지만…

S#067. 최선장 사무실 (실내/밤)

자신의 턱을 쓰다듬고 있는 현수의 손목에 찬 시계에 최선장의 얼굴이 반사되어 비친다. 계속해서 떠들고 있는 최선장.

최선장 내가 그날 배에서 내린 건 대게 200박스 말곤 없다. 최근에 고회장이랑 좀 사소한 문제가 있다캐도 그렇게 일 벌일 정도로 막 나가진 않지. 암, 그렇고말고. 근데 고회장이 내 만나라꼬 느그들끼리 보낸 기가?

화면이 넓어지면 최선장과 마주 앉은 현수. 그리고 그 뒤에 영근과 방개가 보인다. 소파에 거만하게 누워 있듯이 앉아 있는 최선장과 사무실 곳곳에 선 채로 현수를 바라보고 있는 최선장의 선원들이 보인다. 현수 쪽은 깔끔한 정장 차림인 반면에 선원들은 남루한 작업복을 입고 있다. 하나같이 거칠어 보이는 용모의 선원들 사이로 남루한 아줌마가 음식을 챙겨주고 있다. 그중 세 명은 옆쪽 테이블에 앉아 물회를 후루룩 게걸스럽게 먹으며 현수를 노려본다. 현수, 그 소리가 거슬리는지 그들을 바라보다 다시 누런 이를 드러내며 웃고 있는 최선장에게 말한다.

현수 전화 한 통화 해도 될까요?

최선장 (씨익) 얼마든지. 여그는 통화의 자유는 있는 곳이니까.

천팀장(E) 앤 누구야?

S#068. 잠입조 작업실 (실내/밤)

모니터 화면 위로 최선장의 사진과 프로필이 뜬다.

용찬 최대현. 45세. 폭력전과 12개, 밀수혐의가 이게… 와우.

천팀장 아, 최선장.

용찬 이거 아주 악행을 벗 삼아 다니는 놈이구만.

천팀장 (갸웃거리며) 조현수가 맞잡이하기엔 덩치가 큰데. 줄거리가 어떻게 돼?

S#069. 최선장 사무실 (실내/밤)

현수가 누군가와 전화 통화를 하고 있고 그 모습을 지켜보는 최선장. 그 위로…

민철(E) 고병철이 수출입 서류에 필요한 위조도장 몇 개를 들여왔는데 최선장 쪽에서 가로챘나봐요.

천팀장(E) 어어, 앞으로 고병철이 통제 안 받고 러시아를 직접 뚫겠다?

민철(E) 하청업체의 독립선언 같은 거죠.

S#070. 잠입조 작업실 (실내/밤)

헤드폰을 쓴 천팀장이 미간을 찌푸리며 입을 연다.

천팀장 무슨 도장?

민철 확인된 건 부산세관 청인이랑 항만청장 직인입니다.

용찬 세관 형아들 들으면 게거품 물겠네. 잡아야 되는 거 아니에요?

천팀장 지금까지 죽 쒀서 2, 3년짜리로 갖다 바칠래?

S#071. 최선장 사무실 (실내/밤)

통화를 마친 현수가 최선장을 바라보다 품에서 펜을 꺼내 책상 위의 메모지에 무언가를 적는다. 그러고는 메모지를 뒤집은 채로 최선장에게 내민다.

현수 회장님께서 마지막으로 제안 드리는 거예요.

최선장 아이고, 이거 왜 이러시나 진짜. 우린 도장 같은 거 없다니까.

현수 액수 확인하시면 저한테 절하실 겁니다.

최선장 (웃으며) 와, 이 꼬마 농담도 잘하네.

현수 (무표정) 제가 지금 웃고 있습니까?

최선장, 현수를 바라보다 웃음이 사그라진다. 그러고는 천천히 책상 위의 메모지에 손을 가져간다. 그 모습을 바라보는 현수. 선원들도 궁금한지 고개를 빼고 메모지를 확인하려 한다.
메모지에 최선장의 손이 닿는 순간 현수 뒤춤에서 두꺼운 송곳을 꺼내 최선장의 손등에 박는다. 씨익 웃는 현수. 멍한 최선장. 그리고 1초의 정적. 뒤늦게 찾아오는 고통으로 비명을 지르는 최선장. 송곳이 최선장의 손과 피에 물든 메모지 그리고 책상을 관통한 채 고정되어 있다.
놀란 최선장의 선원들이 일어선다. 품 안에서 회칼을 꺼내는 영근과 방개. 선원들도 각자 연장을 들고 달려든다.

S#072. 최선장 사무실 앞 (실외/밤)

불이 켜진 항만 사무실 창가로 검은 실루엣들이 바삐 오가며 시끄러운 욕설이 들린다. 선원들 밥을 챙겨주던 아줌마가 비명을 지르며 문을 열고 뛰쳐나간다.
한편, 저 멀리 버려진 배의 그림자 밑에 서 있는 재호와 병갑. 항만 사무실 쪽을 바라보고 있다. 피우던 담배를 바닥에 비벼 끄는 재호. 배 벽에 소변을 누고 있던 병갑에게 얘기한다.

재호 시작하자.

병갑 똥 마련 개새끼도 아니고 왜 이렇게 급해? (지퍼를 올리며) 한번에 모아서 잡아야 될 거 아냐. 왜? 개 걱정되냐?

아무 대답 없는 재호.

S#073. 최선장 사무실 (실내/밤)

이미 책상과 가구들이 엉망으로 엎어져 있는 가운데, 책상에 깊이 박힌 송곳을 뽑아내고 있는 최선장, 괴성을 지르며 고통스러워한다. 그런 최선장의 옆으로 머리에 피를 흘리며 방개가 쓰러진다. 좁은 사무실은 사내들의 피 튀기는 싸움으로 이미 아비규환이다. 그 속에서 수적 열세를 극복하며 쏟아지는 쇠몽둥이질을 막아내며 싸우는 현수. 이미 상처를 입고 벽에 기댄 채 서 있는 영근. 쇠파이프로 영근을 공격하려는 선원을 발로 내질러버리는 현수. 영근을 구해주려다 현수 역시 벽 쪽에 몰린 셈이 되었다. 영근을 뒤로 두고 회칼을 휘두르며 자신을 조여오는 선원들에게 저항하는 현수. 어느덧 송곳을 다 뽑아낸 최선장이 피가 흐르는 손을 움켜쥐고 외친다.

최선장 뭐 해, 이 새끼들아! 빨리 죽여버려!

S#074. 최선장 사무실 앞 (실외/밤)

불안한 표정으로 사무실을 바라보고 있는 재호. 그때 병갑이 입을 연다.

병갑 (씨익) 왔네.

병갑의 시야로 스무 명가량의 작업복 차림의 선원들이 각자 연장을 들고 최선장 사무실로 걸어가고 있다.

재호 어이~!

사무실로 들어가려는 최선장 패거리가 멈춰 서서 재호를 바라본다.

병갑 야, 뭐 해?

재호 (씨익) 잠깐 놀다 올게. 가끔 현장 뛰면 재밌잖아.

재호가 최선장 패거리 쪽으로 성큼성큼 걸어나간다. 재호의 걸음걸이에 맞춰서 행진곡풍의 신나는 로큰롤 음악이 시작된다. 재호의 뒤쪽 그림자 안에서 우르르 나오는 재호의 부하들. 재호의 부하들이 걸어가는 재호를 앞질러 뛰어가 항만사무실 앞에서 최선장의 선원들과 맞부딪친다. 쇠파이프들과 칼이 부딪치며 피가 튀기기 시작한다. 싸움판을 헤치며 걸어가는 재호.

S#075. 최선장 사무실 (실내/밤)

사무실 안으로 문을 열고 들어오는 재호. 안에서도 피비린내 나는 싸움이 진행 중이다. 최선장의 부하 중 한 명이 재호에게 달려든다. 주먹을 내지르는 재호. 재호의 주먹에 맞고 한 바퀴 돌아 바닥에 고꾸라지는 사내. 재호 자신에게 달려드는 최선장 패거리를 거침없이 쓰러뜨리며 지나간다. 건너편에 보이는 현수에게 소리 지르는 재호.

재호 자기야! 나 왔다!

한편, 건너편 쪽에서 싸우고 있던 현수가 재호를 바라본다. 현수가 거침없는 모습으로 칼을 휘두르며 최선장 패거리를 내리치고 있다.
그때 커다란 발 하나가 들어와 현수를 친다. 화면 밖으로 날아가는 현수. 화면 안으로 들어와 현수를 찬 2미터 거인이 소개된다. 거인, 성큼성큼 다가와 현수를 집어 들고 바닥에 내리꽂는다. 현수, 일어나서 반격해보지만 끄떡없는 거구, 오히려 이어지는 거구의 반격에 비틀대는 현수. 사시미 칼을 거구에게 휘두르지만 팔로 막아내는 거구. 팔뚝에 칼이 박힌 채, 현수의 목을 잡아 들어 올린 후 바닥에 내꽂아버리는 거구. 고통스러워하며 바닥에 나뒹구는 현수. 팔에 박힌 칼을 뽑아내고 바닥에 떨어져 있던 '오함마'를 들어 쓰러진 현수를 내려치려는 거구.
그때 뒤에서 날아와 거구에게 매달려 목을 조르는 재호. 거구, 몸을 흔들며 재호를 떨어뜨리려고 해보지만 매미처럼 굳게 매달리는 재호. 그 순간, 현수가 일어나 거구에게 뛰어가 드롭킥을 날린다. 결국 '오함마'를 바닥에 떨어뜨리고 재호와 함께 뒤로 넘어가버리는 거구. 바닥에 억! 소리를 내며 거구의 밑에 깔리는 재호. 하지만 목을 조르는 손은 풀지 않고 있다. 재호, 거대한 거구의 밑에 깔린 채 계속해서 온

힘을 다해 목을 조른다. 서서히 흰자위를 보이며 기절해버리는 거구. 그제야 목을 놓고 기절한 거구를 밀어내는 재호, 한숨을 내쉰다.

재호 와, 씨발놈, 존나 무겁네 진짜…

이때, 바닥에 누워 있는 재호에게…

현수 뭐야, 늦게 와서는 벌써 밧데리 다 된 거야?

재호 야, 나도 다칠 뻔했잖아!

재호, 현수가 내민 손을 탁 붙잡고 일어선다.

S#076. 잠입조 작업실 (실내/밤)

헤드폰을 쓴 채 시끄러운 함성과 둔탁한 파열음의 패싸움 소리를 듣고 있는 천팀장의 얼굴. 굳은 표정의 천팀장이 의자에 몸을 기대면 <Burning Bridges(Jack Scott)>가 흐른다.

S#077. 최선장 사무실 (실내/밤)

평온하게 흐르는 음악 위로 싸움이 막바지에 이르러 정리되어가는 모양새다.
다친 손을 움켜쥐고 바닥에 쓰러져 있는 최선장의 모습이 보인다. 현수는 자신의 손목에 찬 시계를 풀며 최선장을 향해 성큼성큼 다가간다. 푼 시계를 주먹의 너클 부분에 채우는 현수. 그 모습에 씨익 웃으며 끄덕이는 재호.
최선장의 위를 올라탄 현수가 손목시계를 채운 주먹으로 최선장의 얼굴을 강타한다. 입안이 터지며 피거품을 흘리는 최선장. 그 위로 계속해서 흐르는 음악. 아랑곳하지 않고 계속해서 최선장의 얼굴을 강타하는 현수의 주먹. 피범벅이 된 손목시계. 퍽! 퍽! 퍽!
(컴퓨터 모니터 화면의 음성파일 그래프와 교차편집)
슬며시 미소 짓는 현수의 입가에 피가 튄다. 그 모습을 바라보는 재호의 입가에도 미소가 보인다. 고요한 가운데 둔탁한 파열음만이 화면을 가득 채우고, 다시 한번 최선장의 얼굴에 주먹을 내지르면…

S#078. 오세안무역 - 병철 사무실 (실내/낮)

턱! 하고 테이블 위에 놓이는 두 개의 도장.
도장에서 카메라가 틸업하면 소파에 앉아 있던 병철의 웃음기 가득한 얼굴. 병철 옆 소파에 앉아 있는 재호. 현수의 오른손에 붕대가 감겨져 있다. 그리고 문 옆에 서서 떨떠름한 표정으로 이를 보고 있는 병갑.

병철 고생 많았다. 와, 현수 니 덕에 도장도 찾고, 파리 같은 최선장 새끼들까지 싹 다 정리했네.

현수 덕분에 저도 재밌었어요.

병철 (웃으며 놀란 눈으로) 재미? 한이사, 얘가 지금 재밌었다고 한 거야? 와하하하하하하!

병철, 현수가 놀랍다는 듯이 웃으며 재호를 바라본다. 재호, 무표정으로 있다가 병철이 계속 웃자 따라 웃는다. 병갑도 재호의 시선을 받아 어색하게 따라 웃으며 현수를 바라본다. 현수도 괜히 따라 웃는다. 마구 웃는 네 사람. 그러다가 네 사람 사이에 웃음이 서서히 사그라진다. 어색한 분위기.

S#079. 오세안무역 앞 (실외/밤)

재호와 현수가 재호의 차에 올라탄다. 트랙인.

S#080. 러시아 클럽 앞 거리 (실외/밤)

재호와 현수가 차에서 내린다. 트랙아웃.

차 키를 거대한 러시아 기도에게 맡기고 들어가는 재호와 현수. 커다란 화물 창고로 들어가는 두 사람.

S#081. 러시아 클럽 안 (실내/밤)

/화물 엘리베이터

차고 엘리베이터에 타서 내려가는 재호와 현수.

/창고 복도

창고 복도를 지나며 현수에게 이야기하는 재호.

재호 여기는 러시아 애들 전용이라 우리나라 애들은 거의 안 받아. 남의 땅에 들어와 지네 왕국을 세운 거지.

복도 끝 문이 열리면 갑자기 시끄러운 음악 소리가 들리기 시작한다.

/홀

시끄러운 음악 소리로 가득 찬 극장식 클럽 무대 위에 러시아 무용수들이 허리를 흔들며 화려하게 춤추고 있다. 클럽 안은 러시아인들로 번잡한 가운데 2층 입구 쪽에서 걸어들어오는 현수와 재호. 현수의 시선으로 붉게 반짝이는 조명 아래 러시아 여자들과 애정행각을 하며 춤을 추는 험상궂은 러시아 남자들이 보인다.

현수, 신기한 듯 주위를 둘러본다. 춤을 추는 러시아 무용수에 눈을 떼지 못하는 현수. 그런 모습을 보고 픽 하고 웃는 재호에게 보드카를 내오는 러시아 남자. 씬 1에서 승필을 쐈던 그 러시아인이다. 러시아 남자가 재호에게 귓속말로 얘기한다. 고개를 끄덕거리고 자리에서 일어서는 재호.

재호 마시고 있어.

재호, 러시아 남자를 따라 룸 안으로 들어간다.

/VIP룸

재호가 들어오자, 재호의 몸수색을 하는 러시아인들. 자리에 앉아 그 모습을 바라보는 러시아 마피아 두목 게가드. 몸수색이 끝나자, 재호를 반갑게 맞는 게가드.

게가드 (러시아어) 미스터 한. 오랜만입니다.

재호 (러시아어) 네, 오랜만입니다. 미스터 게가드.

악수를 나누는 두 사람. 자리에 앉는다.

/홀

러시아인들 사이에 홀로 멀뚱히 앉아서 보드카를 마시는 현수. 보드카를 맛보더니 인상을 찌푸린다. 재호가 들어간 VIP룸을 바라보는 현수.

그때, 현수의 핸드폰이 울린다. 전화를 받는 현수.

/VIP룸

게가드와 건배를 하고 웃으며 보드카를 홀짝이는 재호. 룸 유리창 사이로 전화를 받으며 나가는 현수의 모습을 바라본다.

S#082. 러시아 클럽 건물 뒤편 (실외/밤)

클럽 뒷문으로 걸어나오는 현수. 아무도 없는 건물 뒤편에 홀로 서 있는 민철.

현수 미쳤어요? 여길 찾아오면 어떡해요.

민철 이번엔 조심해서 써.

민철, 주머니에서 새 시계를 꺼내 현수에게 건넨다.

현수, 시계를 보더니 웃으며 입을 연다.

현수 야, 징하다 진짜. 어째 씨발 나까지 감시당하는 기분이네.

민철 니가 뭉갠 최선장은 아직도 의식불명이야. 그거 무마시키려고 우리가 어떻게 했는지 알아, 새끼야?

현수 그럼 또 집어넣으시든가.

민철 (현수의 멱살을 움켜쥐며) 이 새끼가 진짜…

그때, 뒤에서 들리는 재호의 목소리.

재호(E)　현수야, 조현수!

재호의 목소리가 들리자 놀라는 민철, 순간 민철의 얼굴을 갈기는 현수.

현수　이 씨발새끼야!

그들에게 걸어들어오는 재호.

재호　여기서 뭐 하냐?

현수　아, 안에 화장실 냄새가 심해서 노상방뇨 좀 할라고 했는데, 이 미친 새끼가 훔쳐보잖아!

재호　뭐? 아이고, 아무리 21세기가 개방적이어도 그건 아니지.

민철, 천천히 몸을 일으키는데 재호, 민철에게 뚜벅뚜벅 걸어와 복부를 냅다 갈긴다. 억! 하는 소리와 함께 뒹구는 민철, 그런 민철을 밟는 재호.

재호　좆 같은 변태새끼가! 왜! 좆 구경도 사람 봐가면서 해야지, 어?!

재호를 말리는 현수.

현수　됐어 됐어. 그만 가요.

재호　(현수에게 끌려 나가며) 너 이 변태새끼, 앞으로 또 그러면 불알을 확 뽑아버린다!

가까스로 일어나려는 민철을 현수가 막판에 발로 한번 밟고 재호를 끌고 나간다.

쓰러져서 피 흘리며 끙끙대는 민철.

S#083. 러시아 클럽 - 복도/화물 엘리베이터 (실내/밤)

클럽 복도를 걸으며 미친 듯이 웃는 현수와 재호.

재호 너 그 짭새 새끼 표정 봤냐? 완전히 쫄아가지고…

현수 (웃으며) 변태로 본 건 좀 미안하네.

엘리베이터 문이 닫히려 하자, 급하게 뛰어 탑승한 두 남자. 재호, 서서히 웃음을 멈추고…

재호 근데 걔는 갑자기 왜 찾아온 거야?

현수 (손목을 흔들어 보이며) 시계 부쉈잖아.

재호 그게 다야?

재호 눈빛이 바뀌며 갑자기 현수의 셔츠를 확 뜯어낸다.

현수 뭐 하는 거예요?

그러고는 거칠게 현수를 돌려 엘리베이터 벽으로 밀어붙인다.

현수 지금, 나 의심하는 거야?

현수의 뒤쪽을 뒤져보는 재호. 현수의 다리 쪽으로 내려가 뒤지는 재호. 현수가 반항하자, 거칠게 현수를 제압하는 재호.

재호 (위협적) 가만히 있어.

현수, 포기한 듯이 벽에 붙은 채 눈을 감는다. 현수의 몸에서 아무것도 나오지 않자, 한숨을 쉬며 물러서는 재호. 그런 재호를 밀쳐버리는 현수.

현수 만족해요, 이제?

재호 …

화가 난 듯 허공에 소리 지르는 현수.

현수 씨발 진짜!

아무 말 없이 엘리베이터 벽에 기대어 있는 재호.
이를 슬프게 바라보는 현수가 입을 연다.

현수 형은 대체… 내가 뭘 어떻게 해야 믿어줄 거야?

S#084. 달리는 재호의 자동차 안 (실외/밤)

아무 말 없이 운전을 하는 재호와 창밖을 바라보고 있는 현수의 모습.

S#085. 폐건물 사무실 (실내/밤)

/사무실 앞

재호의 자동차가 폐건물 사무실 앞에 선다. 차에서 내리는 두 남자.

/사무실

반쯤 부서진 창고 사무실. 작은 사무실에 버려진 데스크가 몇 개 보인다. 사무실을 돌아다니며 현수에게 입을 여는 재호.

재호 내가 니 나이 때쯤부터야. 여기서 시작했어. 그리고 지금까지 오는데 나한테 몇 놈이 붙었다가 떨어진지 알아?

현수 …

재호 이제는 내가 20년간 모신 영감도 앞에서는 웃으면서 뒤로는 내 목을 따고 싶어해. (웃음) 너 같으면 내가 누굴 믿는 게 가능할 거라고 보냐?

재호를 짠하게 바라보는 현수. 그러다 고개를 끄덕이며 말한다.

현수 알았어요. 나 믿으라고 강요 안 할게. 근데… (웃으며) 나는 형 믿어요. (주위를 둘러보며) 근데 여기 너무 후지다. 와, 형 많이 성공했네.

현수를 보며 피식 웃는 재호.

S#086. 오세안무역 신축 건물 (실내/오전)

공사가 다 진행되지 않은 높은 신축 건물 안에서 전경을 내려다보고 있는 재호. 텅 빈 공간을 돌아다니며 설레발을 떨며 입을 여는 병갑.

병갑 전경 좋네! 이쪽에 니 사무실 내고 나 그 옆 방 써도 되겠다. 벽에 간지 좋게 그림 몇 장 붙여놓고. 그치? 야, 근데 오늘 니 그 싸가지 없는 똘마니는 왜 안 보이냐?

재호 어. 어디 좀 갔다.

그때, 네다섯 명의 부하들을 이끌고 뒤편에서 성큼성큼 걸어오는 병철.

재호 아이고 회장님. 갑자기 여기까지 웬일로…

병철, 재호의 말이 끝나기도 전에 다가와 짝! 재호의 따귀를 때린다. 어안이 벙벙한 표정의 재호.

병갑 삼촌…!

병철 (병갑의 말은 무시한 채) 나 제끼고 러시아 애들이랑 미팅을 해? 한재호. 넌 니가 뭐라 생각하는 거냐, 어?! 니 눈에는 이제 내가 뒷방 늙은이로 보여?!

재호, 맞은 볼을 어루만진다. 재호를 씩씩대며 바라보는 병철, 그리고 네다섯 명의 부하들, 병갑. 모욕감에 이빨을 꽉 깨무는 재호. 그때, 끼어드는 병갑.

병갑 아, 아! (호들갑) 아 씨, 맞다 맞아! 아, 미안하다 재호야. 저, 회장님, 한이사가 회장님한테 전해달라고 한 거, 제가 깜빡했습니다. 진짜 죄송합니다.

병철 뭐?

병갑 어제 니가 몇 시에 전화했더라? 내가 술이 취해서…

병철이 발로 병갑의 조인트를 까고는 민망한 듯 재호를 바라본다.

병철 들어가서 얘기하자.

병철이 부하들을 끌고 먼저 자리를 뜬다.
다리를 부여잡고 웅크리는 병갑, 재호를 올려 보며 씨익 웃는다.

병갑 나 잘했지?

S#087. 오세안무역 - 병철 사무실 (실내/낮)

병철, 재호가 꺼낸 봉지의 하얀 가루를 손가락에 묻혀 살짝 맛본다.
그 위로 들리는 재호의 목소리.

재호(E) 샘플 받아온 겁니다. 제조방식도 바꿔가 반 가격에 순도는 90까지 올렸답니다.

회장 의자에 앉아 뒤돌아 눈을 감은 채 맛을 음미하는 병철. 그 뒤에서 병철을 바라보는 재호와 병갑.

병철 (눈을 뜨며) 법에 걸리는 물건만 아니면 이게 노벨상 감인데.

병갑 디데이만 잡으면 되겠네. (병철의 뒤로 다가가 속삭인다) 삼촌, 이번에 판 한번 제대로 키워보시죠.

병철 (미간을 찌푸리며) 얼마나?

재호 한 50킬로 생각하고 있습니다.

병철 (놀라며 의자를 돌린다) 50?

재호 배급망 넓혀서 전국에 뿌리면 소화 가능해요.

병철 그 돈 만들려면 한 달은 걸려.

병갑 삼촌. 하나님은 6일 만에 세상도 만들었는데. 분위기 탈 때 훅 가요. 건물 마저 안 올릴 거예요?

고민하는 병철. 이를 바라보는 재호.

병철 천팀장 그 암캐 같은 년이 냄새 맡고 달려들 건데.

재호 그건 걱정 마세요. 방법이 다 있습니다.

S#088. 떡볶이집 (실내/오후)

여중고생들이 가득 찬 떡볶이집 안에 시커먼 남자 둘, 재호와 병갑.

병갑 플랜이 어떻게 돼? 니 그 짭새 새끼 쓰는 거야?

떡볶이를 먹다 흘깃 병갑을 바라보는 재호.

재호 말조심해.

병갑 누가 듣는다고. (주변의 여고생들에게) 얘들아! 이 아저씨, 짭새랑 논댄다!

여중고생들이 병갑과 재호를 이상하다는 듯 잠시 바라보고는 다시 수다 삼매경에 빠진다. 낄낄거리는 병갑을 보며 고개를 내젓고 한숨을 내쉬는 재호.

병갑 근데 너 끝까지 나한테 말 안 해주는 거야?

재호 뭘?

병갑 아니~ 대체 짭새를 어찌 구워삶았냐고.

약간은 굳은 표정의 재호. 그런 재호의 모습 위로 병갑의 목소리.

병갑(E) 아, 그 조현수라는 애?

S#089. 교도소 면회실 (실내/오후) — 과거

전 씬에 이어 병갑이 죄수복을 입고 있는 재호에게 말을 잇는다.

씬 52의 교도소 면회실 장면이다.

병갑 걔 인천 금학이네 있었던 거 맞던데?

안도하는 재호의 얼굴. 재호가 고개를 끄덕이고 일어서는데…

병갑 근데 말이다. (핸드폰을 꺼내며) 짜자잔! 내가 근사한 거 보여줄게. 내가 너 들어가고 아는 룸빵 딸내미한테 천인숙이 후다 좀 따보라고 시켰던 건데. 이걸 이제야 봤네?

병갑, 핸드폰을 꺼내 사진을 보여준다. 20대 여성의 셀카 사진. 미간을 찌푸리며 사진을 바라보는 재호.

병갑 이 뒤 좀 봐라.

20대 여성의 사진 뒤에 찍힌 천팀장, 승필, 민철. 그리고 현수. 카메라가 핸드폰 액정화면으로 들어가면 씬 46의 야외 테라스 장면을 훑으며 병갑의 대사가 들린다.

병갑 진짜 재밌지 않냐? 이 씨발년이랑 같이 있었다니까!! 여기 한 놈은 내가 봤으니까, 이 꼬마는 니가 안에서 일 봐.

재호, 대답하지 않고 사진만 뚫어지게 바라본다.

병갑 … 왜?

재호 … 그러긴 좀 아까운 애라…

병갑 아깝긴 씨발. 빵에서 무슨 정분났어?

재호 (피식 웃으며) 내 쪽으로 한번 감아볼게.

병갑 아니 뭘 어떻게 하실라고?

재호 (웃음) 알려고 하지 마.

재호 손에 쥔 공을 면회실 바닥에 탕! 탕! 던져서 튀긴다.

—INS. S#54. 한적한 도로에서 길을 건너는 현수모를 화물 트럭이 퍽! 친다.

다시 면회실로 돌아오면 바닥에 탕!탕! 튀겨지는 공.

—INS. S#63. 영안실에서 엉엉 우는 현수의 얼굴. 그 위로 공 튀겨지는 소리.

재호(E) 그냥 한번 트라이 해보고…

재호, 튀겨진 공을 손으로 탁! 잡으며…

재호 안 되면 그때 정리할게.

-INS. S#65. 취장에서 소주를 마시며 나누는 재호와 현수의 대화

현수 *형… 나 경찰이야.*

소주잔을 들이켜다 순간 굳은 표정으로 현수를 바라보는 재호.
현수가 떨리는 목소리로 말을 잇는다.

현수 *내가 지금 미친 짓 하고 있다는 거 알아요. 형이 나 죽일 수 있다는 것도 알아… 근데… 더 이상 형 속이면 안 될 것 같아. (울먹거리며) 형, 미안해요…*

S#090. 달리는 병갑의 차 (실외/오후) — 현재

현수의 대사를 받아 표정이 착잡해 보이는 재호의 표정 위로 들리는 울먹이는 현수의 목소리.

현수(E) 정말 미안해요, 형…

뒷자리에 앉아 있는 재호의 옆에 앉은 병갑이 입을 연다.

병갑 그 멍청한 새끼가 지 입으로 얘기했다며!? 얘기 좀 해봐. 무슨 마법이라도 부린 거야?

재호 … 착해서 그래. (자조적인) 너랑 나 같은 새끼는 죽었다 깨어나도 이해 못 한다.

병갑 (확인하듯) 걔 이번 일 끝나면 바로 처리할 거지?

재호 … 차 좀 세워라.

운전석에 있던 방개가 차를 세우면 차에서 내리는 재호.

내리는 재호에게 입을 여는 병갑.

병갑 야! 걔는 버려야 되는 패다. 니가 안 보면 내가 본다!

병갑을 한번 돌아보고는 다시 길을 걷는 재호.

S#091. 수목장 안 (실외/오후)

현수모의 사진이 붙어 있는 나무 아래 앉아 있는 현수의 모습이 보인다. 눈을 감고 나무에 기대어 앉아 편안하게 잠들어 있는 현수. 그때 잠들어 있는 현수의 얼굴에 갑자기 검은 복면이 훅! 씌워진다.

S#092. 활주로 (실외/낮)

깜깜한 어둠 속에서 거친 현수의 호흡소리가 들린다.

해어진 복면 안의 시점으로 한 사람의 검은색 실루엣이 보인다.

현수 누구야…?

복면 밖으로 비춰진 아무런 대답이 없는 검은 실루엣.

현수 누구냐고 씨발!

남자 어이, 짭새 새끼.

복면 안 흔들리는 현수의 눈동자.

현수 짭새라니. 그게 뭔 개소리야.

남자(E) 한재호가 이미 다 불었다. 니 죽이라고 시킨 게 누구 같나?

현수 … 뭐?

그때 퍽 소리와 함께 비명을 지르며 털썩 넘어지는 복면 안의 현수.

카메라 더치.

퍽! 퍽! 퍽! 소리와 함께 현수를 때리는 소리들.

남자(E) 야, 기름 갖고 와.

복면 안 현수의 얼굴 위로, 휘발유통이 끌리는 소리가 들린다.

남자(E) 부어.

콸콸콸 소리와 함께 복면 안으로 들어오는 기름. 곧이어 찰칵 소리가 나며 지포라이터 불이 켜진다. 넘어진 현수의 앞에 앉아 얼굴 앞으로 라이터를 가져다 대는 남자의 손. 복면 안 현수의 시선으로 라이터 불빛이 아른아른 보인다.

남자 마지막으로 전할 말 있음 하그라. 5초 줄게.

현수, 몸부림을 치며 라이터 불을 피하려고 한다.

남자 5, 4…

현수 (고개를 돌려 라이터 불을 피하며) 잠깐만…

남자 3…

현수 잠깐만! 어떻게…

남자 2…

현수 어떻게 알았어!

남자 1…

현수 … 한재호가 그걸 어떻게 알았냐고!

순간, 현수의 복면이 확 벗겨진다. 넘어져 있는 현수의 시선으로, 앞에 서 있던 남자가 지포라이터를 탁! 닫는다. 그 남자 뒤로 멀리 보이는 천팀장.

cut to

현수가 휘발유통을 걷어차며 소리 지른다.

현수 씨발, 확인 절차?! 확인 절차?! 빵에 가둔 걸로 모자라서 이제는 사람을 태워 죽이겠다는 거예요? 씨발, 진짜… (천팀장 뒤 쪽 민철을 보며) 어이, 변태 아저씨. 지난번 복수라도 한 거야?

민철 이 새끼 진짜 양아치 다 됐네.

현수 너도 3년 빵에 살다보면 그렇게 돼, 이 새끼야.

현수에게 다가서는 민철. 현수도 질세라 민철에게 다가간다. 그때 천팀장, 민철을 손으로 제지한다.

천팀장 디데이는 잡혔어?

현수 … 한재호가 고병철 꼬시고 있어요. 고병철이 결심만 서면 러시아에서 입항 날짜 잡을 거예요.

천팀장 물량은?

현수 50 정도.

현수의 대답에 놀란 듯, 서로를 바라보는 천팀장과 민철.

현수 우리 엄마 친 새끼는 아직도 안 잡혔어요?

천팀장 시간 좀 걸려도 뺑소니 사건은 대부분 해결돼. 관할서에 압력 넣고 있으니까 좀만 더 기다려봐.

현수 (한숨) 날짜 잡히면 연락할 테니까, 방해나 하지 마요.

창고 밖으로 나가는 현수의 뒷모습을 바라보는 천팀장.

그 얼굴에서 들리는 웅성웅성 소리. 디졸브.

S#093. 도로, 현수모 교통사고 현장 (실외/오후) — 과거

도로 위에 나 있는 스키드 마크와 시신 마크를 심각한 표정으로 바라보는 천팀장.

천팀장 스키드 마크가 너무 앞쪽에 있어. 딱 CCTV도 없는 구간에다가…

민철 무슨 소리예요?

천팀장, 주변을 둘러보다 건너편에 주차되어 있는 승용차를 바라보며 말한다.

천팀장 관할서 애들한테 저 차 블랙박스 다 회수해놔. 소리 안 나게 움직여.

S#094. 잠입조 사무실 (실내/밤) - 과거

노트북으로 블랙박스 영상을 확인하는 천팀장. 굳은 표정으로 손톱을 물어뜯는다.
조직 계보도에 영근 옆에 붙어 있는 방개의 사진.

민철 조현수한테도 알려야죠.

천팀장 알면… 죽은 사람이 살아서 돌아온대?

민철 팀장님. (어색한 웃음) 아무리 우리가 일을 막 해도 이렇게까지 하는 건…

갑자기 일어나서 주먹으로 책상을 쾅! 쾅! 쾅! 쾅! 하고 내리치는 천팀장. 놀란 얼굴의 민철. 천팀장의 손에서 피가 흐른다.
심호흡을 하며 민철에게 입을 여는 천팀장.

천팀장 너 똑똑히 들어. 잘못이 드러나기 전까진 아무도 잘못한 게 아니야.

S#095. 대교 (실외/해 질 녘) - 현재

대교 위를 홀로 걷고 있는 현수의 모습. 그 위로 천팀장의 목소리.

천팀장(E) 이런 개 같은 일에는 당하는 놈이 잘못하는 거고, 그게 나쁜 거야.

S#096. 폐건물 사무실 (실내/저녁)

소파에 앉아 생각에 잠겨 있는 재호의 모습.

천팀장(E) 어설픈 죄책감 같은 건 애초에 키우지 마. 안 그러면 스스로 망가질 뿐이니까.

그때 문이 열리며 들어오는 현수.

현수 아니, 왜 이렇게 혼자서 폼을 잡고 있으셔?

cut to

소파에 걸터앉아 웃통을 벗고 있는 현수의 등에 파스를 붙여주는 재호.

재호 참 독한 여자라니까. 예전엔 이 정도까진 아니었는데…

현수 (뒤돌아보며) 천팀장 잘 알아요?

재호 (얼버무리며) 뭐, 잘은 아니고, 그냥… 나 빵에 처넣은 게 걔잖아.

파스를 붙여주고 현수의 옷을 내려주는 재호.

현수 나 빵에 처넣은 것도 그 여자예요. 그것도 모자라서 사람을 납치해? (흥분하며) 씨발, 사람이 양심이라는 게 있어야지.

재호 (멈칫하며 웃음) 너 근데 내가 아닌 줄은 어떻게 알았어?

현수 짭새들은 얼굴 안 때려요. 그럼 티 나잖아.

재호 (웃으며) 그래?

현수 (당연하다는 듯이 웃으며) 형이 나한테 그럴 리가 없잖아.

현수를 바라보는 재호.

재호 (피식 웃으며 일어선다) 나가자.

S#097. 바닷가 (실외/밤-새벽)

서정적인 피아노 음악이 흐르면서 불꽃놀이를 하는 현수와 재호, 영근을 비롯한 패거리.

각자 폭죽을 하나씩 들고 서로에게 쏘아가며 장난을 치는 현수와 재호. 디졸브.

모닥불을 피워놓고 이를 지켜보는 부하들. 디졸브.

폭죽 200개가량의 묶음을 아랫부분에 대고 소리를 지르며 하늘에 난사하는 재호.

마치 거대한 불꽃 오줌이 나오는 형상. 그 모습을 보며 미친 듯이 웃는 현수.

디졸브.

불씨가 사그라져 재 위로 연기만 피어오르는 모닥불 옆에서 뻗어서 자는 영근과 부하들.

cut to

재호의 스포츠카 안에서 맥주를 마시며 이야기를 나누는 두 사람.

현수 형, 이렇게 사는 거, 안 지겨워요?

재호 뭐가?

현수 그냥… 옆에서 보면 어쩔 땐 참 피곤하겠다 싶어서…

재호 이렇게 살고 싶어서 사는 게 아니라, 살려고 이렇게 사는 거야. 살면서 벌어지는 일이라는 게 대부분 뒤통수에서 오게 돼 있거든. 절대 눈앞에서 오는 게 아니야. 현수야, 그러니까 너도 자주 돌아보면서 살아야 돼.

현수 (끄덕) 하긴… 나도 우리 엄마가 그렇게 될 줄 누가 알았겠어요.

씁쓸히 웃는 현수를 바라보는 재호.

재호 그런 일 없었으면… 니가 내 옆에 없었겠지?

재호의 물음에 대답 없이 바다를 바라보는 현수. 멀리서 붉은 해가 떠오른다.
그리고 그 두 사내의 뒤쪽 멀리서 이를 지켜보는 병갑.

병갑 씨발, 아주 그림이네.

S#098. 조깅코스 (실외/낮)

트레이닝복 차림으로 조깅을 하는 천팀장의 모습이 보인다. 땀에 젖은 천팀장의 얼굴. 계속 조깅을 하며 굴다리 안으로 들어가는 천팀장. 그러다 갑자기 조깅을 멈추는 천팀장.
터널 앞 쪽에 어떤 남자(현수)의 실루엣이 보인다. 바닥에 무언가를 놓고 뒤돌아가는 남자.
바닥에 놓인 서류 봉투에 손을 가져가는 천팀장. 그 안에는 항구 지도와 배 사진 등이 첨부된 서류들이 보인다.

천팀장	(피식) 14일 새벽 2시, 일하기 좋은 시간이네.

항구 지도와 배 사진 등이 첨부된 서류들. 그 위로 들리는 현수의 전화 목소리.

현수(E)	들어오는 양이 상당해서 시간 오차 없이 빠르게 움직일 거예요. 한번에 끝내세요.

cut to

통화를 하며 걸어가는 현수의 모습이 보인다. 그 위로 천팀장의 전화 목소리.

천팀장(E)	확실한 거지? 위에서도 어렵게 승인 떨어진 거야. 경찰, 해경, 세관에 특수기동대까지, 이거 완전 블록버스터다.

현수	그럼 흥행만 시키면 되겠네.

전화를 끊고 앞으로 걸어나오는 현수의 얼굴에서 암전.
자막 "D-DAY START" 그 위로 음악.

S#099. 바다 (실외/밤)

화면이 밝아지면, 게가드의 독항선이 바다를 가르며 나아가고 있다.

저 멀리 항구의 불빛이 보인다. (음악)

S#100. 오세안무역 앞 (실외/밤)

검은 정장의 사내들을 주르르 뒤에 달고 나오는 병철과 재호, 병갑. 각각 검은색 세단 몇 대에 나눠 타는 사내들. (음악)

S#101. 작전차량 안 (실내/밤)

작전차량 안에서 병철과 재호들을 지켜보는 민철.

민철 아빠 집에 가십니다. 마중 나올 준비하세요.

검은 세단의 행렬이 출발하자, 그들을 따라 출발한다. (음악)

S#102. 도로 (실외/밤)

도로를 달리는 검은 차들의 행렬. (음악)

S#103. 항구 (실외/밤)

300톤짜리 독항선이 정박해 있는 항구. 검은 세단이 항구 앞에 나란히 정차하고, 사내들이 우르르 내린다. 독항선 앞에 서서, 이들을 기다리는 게가드와 수하들. 게가드와 병철이 웃으며 악수를 나누고 배 안으로 들어간다. 그들을 따라 배 안으로 들어가는 재호, 병철, 병갑. (음악)

S#104. 독항선 안 복도 (실내/밤)

독항선 내 선실 안으로 들어오는 게가드와 병철, 재호, 병갑. (음악)

S#105. 항구 (실외/밤)

화면을 메우던 음악이 서서히 사라지면, 새까만 항구에 세워진 차량 앞에 영근을 비롯한 사내들이 담배를 피우며 대기하고 있다.
영근이 뭔가 이상해 돌아보면 저 멀리 암흑 속에서 여러 대의 헤드라이트들이 다가오며 포위한다. 특수기동대원들이 영근 무리에게 총을 겨눈다. 손을 드는 사내들.
차 문 열리는 소리가 나며 암흑 속에서 또각또각 걸어나오는 천팀장.
무리 사이를 지나간다. 다시 시작되는 신나는 음악.

S#106. 독항선 안 (실내/밤)

/선상 복도

컹컹 짖는 사나운 탐지견들과 수색대원들이 배 안을 샅샅이 수색하고 있다. 수색을 지휘하며 배 안 이곳저곳을 누비고 다니는 민철. 대원들에게 진압당해 바닥에 엎드리는 러시아 선원들.

/화물칸

천천히 손을 들며 두리번거리는 병철, 병갑, 재호, 게가드 무리. 특수기동대원들이 그들에게 총을 겨누고 서 있다. 화물칸 계단을 천천히 내려오는 천팀장.

천팀장 오랜만이네요, 고회장님?

천팀장을 바라보는 병철 무리.

천팀장 뭐 해요 다들? 무릎 안 꿇고.

/선상

배 안 다른 쪽에서는 러시아 선원들이 배 위에 있던 생선 박스를 바다에 내던진다. 민철이 그 모습을 보고 달려가며 소리를 지른다.

민철 뭐 하고 있어, 새끼들아! 건져 올려!

풍덩풍덩 바다에 빠지는 생선 박스. 그러나 이내 선원들에게 달려든 진압대가 총을 들고 그들을 제지한다. 박스 던지는 것을 멈추고 손을 들고 항복하는 선원들. 바다의 해경들이 생선 박스를 건져 올린다.

/화물칸

턱 하고 선실 바닥에 놓이는 물에 젖은 생선 박스 몇 개. 무릎을 꿇고 두 손을 머리 뒤에 올린 채, 굳은 표정으로 생선 박스를 바라보는 병철과 재호, 병갑. 천팀장이 회심의 미소를 지으며 병철을 바라본다.

천팀장 고회장님, 관절도 안 좋으신데, 괜찮아요?

병철이 천팀장을 외면한다.

천팀장 열어!

빠루를 들고 생선박스를 거칠게 뜯어내는 민철. 천팀장이 상기된 얼굴로 박스 안을 바라보는데… 뭔가 잘못됐다는 듯, 순간 표정이 싸늘히 굳어버린다.
카메라가 박스 안을 비추면, 남성용 자위기구, 포르노 DVD와 잡지 등 보기에도 민망한 성인용품들이 가득 들어차 있다. 무릎을 꿇은 채 웃음을 참는 병갑의 얼굴. 피식거리는 병철과 재호.
당황한 천팀장이 민철의 손에서 빠루를 빼앗더니, 나머지 박스 몇 개를 세차게 후려친다. 박살난 나무상자 안에서 보이는 것도 역시 성인용품들이다. 무릎 꿇고 앉아 박스 안을 뒤지는 천팀장.

병철 (일어서며) 아이고, 뱃사람들이 바다 위에서 외로웠나보네.

병철이 일어서자, 한 명씩 다들 일어나는 사내들.

재호 아우, 배고파. 저희 이만 가봐도 되겠습니까?
(러시아어) 가시죠.

무리가 천팀장을 지나쳐간다. 천팀장을 지나치며 어깨를 한번 다독거리고 나가는 재호. 무릎을 꿇은 채로 우두커니 있는 천팀장의 얼굴에 모욕감이 가득하다.

천팀장 조현수는 어디 있어?

S#107. 바다 위 (실외/밤)

바다 위로 천천히 이동 중인 독항선이 보인다. 그 위로 자막.

<1시간 전>

갑판 위의 러시아 선원 두 명이 쌀가마니만 한 자루 몇 개를 바다로 던진다. 첨벙! 물을 튀기며 바다에 빠지는 자루들. 무게를 견디지 못하고 스르륵 바닷속으로 가라앉아버린다.

S#108. 바닷속 (실외/밤)

검은 바다 바닥으로 가라앉아 있는 자루들. 소금이 녹아서 기포가 서서히 올라온다.

병철(E) 자루에 소금 다 녹으려면 두 시간쯤 걸린다고?

S#109. 러시아 클럽 VIP룸 (실내/밤)

지폐 계수기에서 루블화가 드르륵 세어진다. 즐거운 표정의 병철과 게가드, 재호, 병갑이 테이블에 앉아 보드카를 마시고 있다. 병철의 부하 몇 명과 러시아 마피아들이 대치되어 서 있다.

재호 (시계를 보더니) 뭐. 이제 곧 다 녹았겠죠.

병철 (끄덕이며) 그 현수란 아이, 참 어린애라 그런지 머리가 잘 돌아가네. 근데 천팀장한테 가짜 정보를 흘린 건 누군데?

병갑 (끼어들며) 제가 경찰에 하나 심어놨죠.

병철 어허허허허, 역시 우리 조카. 핏줄은 못 속인다니까!

돌아가던 지폐 계수기가 작동을 멈춘다.

병철 (손바닥을 짝 마주치고 비비며) 이제 물건만 확인합시다.

S#110. 바다 (실외/밤)

바닷속 깊은 곳. 자루의 소금이 바닷물에 녹으며 부풀어 있던 자루의 부피가 서서히 작아진다. 무게가 줄어들면서 바다 위로 천천히 떠오르는 자루들.

cut to

바다 위에 둥둥 떠 있는 모터보트 한 대. 보트 위에 무언가 기다리고 있는 현수의 모습. 그 옆으로는 방개의 모습이 보인다. 그때 보트 주변으로 자루 몇 개가 수면 위에 하나씩 뜬다.

cut to

모터보트 위로 건져 올려진 자루들. 북, 북, 방개가 칼로 자루를 뜯어내면, 잘 밀봉된 필로폰이 안에 들어 있다. 물건을 확인한 현수가 핸드폰에 대고 말한다.

현수 확인했어요.

S#111. 러시아 클럽 VIP룸 (실내/밤)

현수에게 전화를 받고 있는 재호.

재호 (핸드폰에 대고) 어, 그래. (핸드폰을 떼더니 병철에게 고개를 끄덕인다)

재호의 말을 듣고 미소를 지으며 게가드에게 손을 내미는 병철. 게가드도 미소

지으며 병철의 손을 맞잡는다.

게가드 (러시아어) 앞으로도 잘 부탁합니다, 고회장님.

병철 오케이, 오케이! (어설픈 러시아 발음으로) 블라가다류 바쓰!

둘이 악수를 하자, 병갑이 조용히 쓱 일어선다. 병철, 눈치채지 못하고 신이 난 듯, 테이블 위에 놓은 보드카 잔을 따르고 들고 일어선다.

병철 자, 자! 모두 수고하셨습니다. (러시아어) 오늘 진짜 코가 삐뚤어지게 먹어보자.

재호 (병철을 보지 않은 채 앞을 보고) 회장님.

병철 … 왜?

재호 어쩌죠? (병철을 올려다보며) 난 시체랑은 술 안 먹는데.

순간 미간을 찌푸리는 병철, 뒤를 돌아 병갑을 본다. 병갑 한 손으로 자신의 눈을 가리고는…

병갑 아유, 난 이런 거 또 못 봐요.

VIP룸 벽에 붙어 있는 스위치를 내리는 병갑. 순간, 룸 안의 불이 소등되며 어두워진다. 캄캄한 암흑 상태에서 파란빛을 내며 총구가 불을 뿜는다. 번쩍이는 순간 피를 내뿜는 병철의 모습이 보인다. 그리고 이어서 난사되는 탕! 탕! 총소리에 빛이 번쩍일 때마다 피가 튀며 쓰러지는 병철의 부하들.

총소리와 번쩍임이 멎자, 다시 고요한 암흑. 암흑 속에서 재호의 목소리가 들린다.

재호 됐다.

다시 불이 켜지면 의자에 앉은 채로 뒤로 고꾸라져 있는 병철과 부하들. 게가드의 부하들의 총구에서 연기가 나고 있다. 화약 연기가 자욱한 룸 안에서 힘찬 악수를 나누는 게가드와 재호.

S#112. 러시아 클럽 창고 복도 (실내/새벽)

VIP룸 안에서 나오는 재호와 병갑. 복도에 병철의 부하들로 보이는 시체들이 누워 있다.

재호 고생했다. 물건 받아서 들어가.

병갑 (웃으며) 네, 회장님. 여부가 있겠습니까? 그… 짭새 새끼 처리는 니가 직접 할 거야?

대답 없이 엘리베이터 쪽으로 걸어가는 재호.

S#113. 천팀장의 차 안 (실내/새벽)

운전석에 앉아 사진을 보고 있는 천팀장. 천팀장의 손에 들린 재호와 현수가 같이 있는 사진들, 현수의 교도소 출소 사진들. 미간을 찌푸리며 사진을 유심히 바라보는 날카로운 천팀장의 눈. 너무나 밝아 보이는 현수와 재호의 표정. 그 위로 탕! 하는 총소리.

S#114. 폐건물 사무실 (실내/새벽)

어깨를 움켜쥐고 비명을 지르며 앞으로 고꾸라지는 현수. 그 앞에선 총을 들고 서 있는 재호의 모습이 보인다. 재호가 처음 시작했다는 허름한 물류창고 사무실이다.

재호 (안타까운 눈으로 현수를 바라보며) 내가 말했잖아! 진짜 아프다니까.

현수 아, 씨발 진짜… 더럽게 아프네…

재호 진짜… 이렇게까지 해야겠냐? 그냥 잠깐 숨어 있다가 나랑 같이 지내자니까…

현수 (고통에 인상을 쓰며) 하아… 하아… 이래야 천팀장 완전히 끝낼 수 있다니까. 지금 허탕 쳐서 궁지에 몰려 있는데, 지가 불법으로 잠입시킨 애까지 노출돼서 총 맞았다고 해봐. (일어서며) 앞으로 형한테 주차 딱지도 못 끊을걸?

재호 …

현수 (웃음) 대신, 형도 정보나 좀 던져주세요. 나도 진급이나 해보게… 자, 한 발은 서운하니까… 원 모어!

재호 (안타깝다) 이 또라이 새끼…

재호, 걱정스런 얼굴로 현수를 향해 한 발 더 갈긴다.

S#115. 천팀장 차 안 (실내/오전)

탕! 소리와 함께 사진을 보다 얼굴을 드는 천팀장의 얼굴. 뭔가 알아챈 듯한 표정으로 나지막이 내뱉는다.

천팀장 씨발…

천팀장의 얼굴에서 암전.

"D-DAY END"

S#116. 병원 (실내/오전)

암전 상태에서 화면이 서서히 밝아지면, 응급실에 누워 있는 현수의 총상을 의사들이 꿰매고 있다. 고통스런 얼굴의 현수. 이를 착잡한 얼굴로 바라보고 있는 민철.

현수 씨발, 부하가 작전 중에 총을 맞았는데, 우리 팀장님은 얼굴 보기도 힘드네요.

대답 없는 민철.
의사가 상처를 건들자, 악! 하고 소리를 지르는 현수.

S#117. 남성 목욕탕 – 샤워장 (실내/오전)

샤워장에 서서 문신 가득한 부하들과 콧노래를 부르며 샤워를 하고 있는 병갑. 머리를 감다가 갑자기 물이 끊겨버린다. "뭐야, 이거!" 신경질적으로 샤워기 레버를 내려보지만 나오지 않는 물. 병갑, 고개를 돌려보면 샤워장 안에 신발을 신은 채로 들어와 있는 천팀장. 주요 부위를 가리고 도망치듯 나가는 부하들. 머리에 비누거품이 낀 채 천팀장을 보고 씨익 웃는 병갑.

병갑 와, 이런 데서 또 만나네요. 회사에서 안 혼났어요?

천팀장 니네 삼촌, 회사에는 안 보이더라?

병갑 아, 여행 가셨나? 아름답게 은퇴하실 나이잖아요.

천팀장 (끄덕) 그럼 한재호가 니 새 오야야?

천팀장의 말에 웃음이 사라지는 병갑.

천팀장 평생 삼촌 꼬봉 짓 하더니만 승진한 게 친구 가방 모찌네.

자연스럽게 다른 쪽 샤워기에 걸린 수건을 허리에 두르며 이야기하는 병갑.

병갑 에이, 레파토리 뻔하시다.

천팀장 (병갑에게 다가가며) 근데 그 자리도 위험하지 않나? 듣기로는 너보다 한재호가 더 신뢰하는 꼬마애가 있다고 하던데.

병갑 (억지웃음) 신뢰는 무슨…

천팀장 (말 끊고 빠르게) 앞으로 니네 서열이 어떻게 될지 알려줄게. 한재호 다음이 그 꼬마고 넌 그 밑이 될 거야.

병갑의 눈썹이 꿈틀댄다. 한 발자국 더 다가와 얼굴을 가까이 대고 쉬지 않고 빠르게 말을 이어가는 천팀장.

천팀장 조직생활을 해봐서 너 같은 타입 잘 아는데, 원래 천성이 따까리인 새끼는 평생 이용만 당하다가…

병갑 (흥분) 씨발, 누가 따까리래! 진짜 이용당한 게 누군지 알려드려? 우리가 니네 짜바리 새끼들 이용한 거야!
알아?!

천팀장 (그제야 얼굴을 떼며 끄덕) … 그래.

천팀장, 뒤도 안 돌아보고 휙 돌아 나가버린다.
흥분한 병갑, 순간 실수했다는 것을 깨닫는다.

병갑 아, 씨발 진짜… (한숨) 뭐 어때… (씨익) 게임 끝났는데.

S#118. 달리는 천팀장의 차 (실외/낮)

운전을 하며 통화를 하는 천팀장.

천팀장 우리가 당했어. 조현수 데려와.
민철(E) 총을 두 방이나 맞았어요. 지금 치료 중…
천팀장 너 난청이야?! 머리통에 맞은 거 아니잖아, 새끼야!

전화를 신경질적으로 끊어버리는 천팀장. 무서운 표정이다.

S#119. 잠입조 작업실-취조실 (실내/오후)

/취조실

취조실 안에 긴 테이블을 사이에 두고 말없이 마주 앉아 있는 현수와 천팀장. 두 사람 사이에 묘한 긴장감이 흐른다. 천팀장이 노트북을 현수의 앞에 놓아준다. 앞에 놓인 노트북을 무심하게 바라보는 현수.

현수 뭐예요?

노트북 화면 안에 블랙박스 영상이 뜬다. 영상 안에는 현수모가 횡단보도 앞에 서 있는 모습이 보인다. 순간 동공이 흔들리는 현수의 눈.

모니터 안의 현수모가 길을 건너려는 순간 현수모를 치어버리는 화물차. 충격으로 화물차 밑으로 깔리는 현수모의 모습.

아무 말도 못 하고 영상을 바라보는 현수의 눈에 눈물이 차오른다. 입을 벌린 채, 소리도 내지 못하고 표정이 일그러지는 현수, 숨이 막힌다.

모니터 안의 화물차에서 정장을 입은 남자 둘이 내린다. 한 명은 재호의 운짱인 방개, 또 한 명 역시 재호 부하의 모습. 두 사내가 현수모의 시신을 확인한다.

천팀장 많이 보던 얼굴이지?

모니터 안의 화물차가 출발하고 홀로 남은 현수모의 시신. 모니터의 엄마를 떨리는 손으로 어루만지는 현수, 소리 없이 오열한다. 천팀장 자리에서 일어나 천천히 현수에게 다가온다.

현수 왜… 얘기 안 했어…

천팀장 니가 일을 망칠 거라고 생각했어. 어차피 망쳤지만.

고개를 숙이고 소리 없이 오열하는 현수. 안쓰럽게 바라보다 현수의 머리에 손을 가져다 대는 천팀장. 현수, 괴성을 지르며 천팀장에게 달려들어 목을 조른다. 천팀장 벽에 밀린 채, 목이 졸려 얼굴이 빨개진다. 분노로 가득 찬 현수의 얼굴.

현수 이, 이 씨발년아! 나한테… 나한테 이러는 이유가 뭐야!

천팀장 (목이 졸려진 채) 알잖아… 너도… 니 엄마 죽인 새끼를 그대로 둘 거야?

그때, 취조실 문이 열리며 민철과 용찬이 뛰어들어와 현수를 떼어낸다. 천팀장에게 떨어지지 않으려고 발악을 하는 현수. 이마에 핏대가 선 모습. 천팀장, 목을 부여잡고 벌게진 얼굴로 콜록거린다. 슬픔과 분노로 얼굴이 일그러진 현수가 괴성을 지른다.

현수 으아아아아아아아!

-INS. S#97에서 바닷가에서 재호가 현수에게 말하는 장면

재호 *그런 일 없었으면… 니가 내 옆에 없었겠지?*

형사들에게 뒤가 잡힌 채 울먹이는 얼굴로 힘없이 고개를 푹 숙인다.

/작업실

작업실에 앉아서 취조실 카메라를 통해, 모니터 안에 홀로 앉아 있는 현수를 바라보는 천팀장. 민철과 용찬은 계단 앞에 서서 담배를 피우고 있다.

/취조실

취조실 안에 홀로 앉아 있는 현수. 눈동자가 텅 비어 있다. 그 위로 재호의 목소리. 고개를 들면 맞은편에 앉아 있는 재호가 웃으며 입을 연다.

재호 살면서 벌어지는 일이라는 게 대부분 뒤통수에서 오게 돼 있거든. 절대 눈앞에서 오는 게 아니야.

/작업실

카메라를 통해 취조실을 바라보는 민철이 천팀장에게 말한다.

민철 괜히 역효과만 난 건 아닐까요?

/취조실

취조실 안에 홀로 앉아 있는 현수. 눈동자가 텅 비어 있다.

그때 카메라를 보면서 말하는 현수.

현수 한재호… 내가 잡을게요.

S#120. 오리집 (실외/오후)

재호가 자신의 부하들 20~30명 정도를 모아놓고 건배 제의를 하고 있다.

재호 우리가!

일동 남이가!

자신의 술잔을 단숨에 들이켜는 재호. 부하들 역시 재호를 따라 원샷으로 술잔을 비워낸다.

멀리 앉아 있던 병갑이 재호 옆에 앉아 있는 영근을 치우고 옆자리에 앉는다.

재호에게 술을 따르며 말한다.

병갑 재호야, 내가 생각을 해봤는데…

재호 뭘?

병갑 우리… 공동 회장 체제로 가는 건 어때?

재호, 병갑을 쓱 바라본다.

병갑 (괜히 웃으며) 아니, 그냥 생각만 해봤다고.

그때 재호의 품 안에서 울리는 핸드폰.

재호 여보세요?

현수(E) 형…

오리집 앞에 나와 황급히 전화를 받는 재호.

재호 뭐야, 이렇게 빨리 연락해도 돼?

현수(E) 나 곧 내사 들어갈 거예요. 지금 형도 위험해.

재호 (인상을 찌푸리며) 뭐? 그게… 무슨 소리야?

S#121. 잠입조 작업실 (실내/오후)

재호에게 전화를 하고 있는 현수. 그 옆에 천팀장, 용찬, 민철이 헤드폰을 들고 같이 듣고 있다.

현수 누군가 날 찔렀어. 혹시… 그쪽에 내 정체 아는 사람 있어요?

S#122. 오리집 앞마당 / 잠입조 작업실 (실외, 실내/오후)

오리집 앞에서 뒤를 돌아 마당의 병갑을 바라보는 재호. 즐겁게 부하들과 술을 마시고 있는 병갑. 혼란스러운 표정으로 병갑을 바라보는 재호의 표정. 그 위로…

현수(E) 내일 영장 받아서 압수수색 들어간대요. 형, 우리 오늘 안으로 물건 챙겨서 떠야 돼.

한편, 오리집에서 즐겁게 술을 마시는 병갑. 왁자지껄한 오리집에서 밖으로 심각하게 통화를 하는 재호의 모습이 보인다.

카메라 천천히 재호에게 들어가면 오리집 안의 소리가 천천히 잦아든다.

/잠입조 작업실

수화기를 통해 입을 여는 현수.

현수 내가 이따가 시간 남길 테니까 우리 보던 데서 봐요.

재호 (아무 대답이 없다)

헤드폰을 쓰고 긴장한 표정으로 현수를 바라보는 천팀장 그리고 민철.

재호(E) … 그래. 이따 보자.

전화가 끊기자, 의자에 몸을 기대며 헤드폰을 벗는 천팀장.

용찬 지원 요청해야 되는 거 아니에요?

민철 그렇게 크게 물먹고도 계속 진행하는 거 알면 우리가 끌려가.

천팀장 이번엔 한재호 하나야. 조용히 부를 수 있는 애들 몇이나 돼?

민철 세 명 정도요. (현수에게) 한재호가 니 말대로 움직일 거 같애?

아무 말 없는 현수의 얼굴.

S#123. 오리집 앞 (실외/오후-밤)

재호, 담배를 피우고 있다 바닥에 비벼 끈다. 깊은 한숨과 함께 귀를 만지작거리던 재호가 하늘을 바라본다. 재호의 얼굴에서 디졸브.

하늘의 구름이 빠르게 움직이며 해가 지고 어두워진다.

S#124. 오세안무역 - 병철 사무실 (실내/밤)

텅 비고 어두운 회장실 문이 열리며 병갑이 들어온다.

병갑 뭐야, 이 새끼 불러놓구선…

병갑, 사무실 안으로 걸어들어와 회장 데스크를 바라본다. 데스크 위에 놓인 명패.

"회장 한재호" 병갑, 회장 의자로 걸어가 기대앉아 보고는 스탠드를 켠다. 의자에 몸을 푹 기대고 편안한 표정의 병갑.

그때, 문이 열리면서 들어오는 재호. 자리에서 일어나는 병갑.

재호 편하면 앉아 있어.

병갑 (웃으며) 그럴까?

병갑에게 천천히 다가가 데스크 앞에 서서 병갑을 내려다보는 재호.

재호 좋아?

병갑 와아, 양가죽이 보들보들하네.

재호 너 오늘 천팀장 만났다며.

병갑 어? 아, 말도 마라. 아까 사우나에 그 미친년이…

재호 (말을 자르며) 현수는 왜 찔렀어?

병갑 뭐? 야, 아니야! 그게 아니라… 그니까… (하다가 한숨) 나를 살살 떠보더라고…

재호 (끄덕끄덕) 그래서, 나도 넘겼어?

순간, 병갑이 인상이 구겨진다.

병갑 야! 너 지금 씨발 무슨 소릴 하는 거야? (기가 막히다) 내가 왜… 누가 그런 무슨 말도 안 되는… 뭐야, 조현수 그 개새끼가 그래?

병갑, 재호의 손을 바라본다.

재호가 천천히 책상 위 자기 이름이 적힌 명패를 손에 쥔다.

S#125. 잠입조 작업실 (실내/밤)

웃통을 벗고 양팔을 벌린 채 서 있는 현수. 현수의 몸에 도청장치를 채우는 용찬.

아무 감정이 남아 있지 않은 듯한 현수의 얼굴.

그 위로 들리는 다급한 병갑의 목소리.

병갑(E) 너 지금 나보다 그 짭새 새끼 말을 더 믿는 거야?!

S#126. 오세안무역 – 병철 사무실 (실내/밤)

병갑, 머리에 피를 흘리며 문 쪽으로 뒷걸음질 친다.

병갑 재호야… 아냐… 이건 진짜 아니야… 너 지금 뭐 씐 거야, 새끼야! 내가 증명할 수 있어! 조현수 그 개새끼 불러서 삼자대면을 하자고! 내가 너한테 왜 그런 짓을 해? 지금 상황을 봐라, 쫌!

말없이 천천히 병갑에게 다가가는 재호. 품에서 주머니칼을 꺼내드는 병갑.

병갑 이 씨발놈아…

다가오는 재호에게 칼을 내미는 병갑. 손이 부들부들 떨린 채 찌르지 못한다. 마치 달래듯이 조용히 칼날을 손에 쥐는 재호. 병갑 다리에 힘이 풀린 듯 재호 앞에 털썩 무릎을 꿇는다.
재호의 다리를 붙잡고 애원하듯 말하는 병갑.

병갑 재호야… 인마, 너 지금 실수하는…

재호, 자신의 다리에 매달린 병갑을 바라본다. 창밖의 빗소리가 사운드 아웃.
재호, 병갑의 머리를 퍽! 명패로 내리친다. 무릎을 꿇고 고개를 숙인 채 다리를 잡고 미끄러지는 병갑의 뒤통수를 계속 내리치는 재호. 퍽! 퍽! 퍽! 퍽! 온몸과 얼굴에 피가 튄다. 재호의 다리를 안은 채 축 처지는 병갑의 팔.

S#127. 잠입조 작업실 (실내/밤)

무표정한 얼굴로 마이크를 다 달고 셔츠 단추를 채우는 현수의 모습.

S#128. 오세안무역 - 병철 사무실 (실내/밤)

영근이 보스턴백에 필로폰 더미를 담고 있다. 지친 듯이 회장 의자에 앉아 뒤돌아 있는 재호.

재호 영근아.

영근 네.

재호 너는 이렇게 사는 거 안 지겹냐?

영근 …

재호 나가봐.

재호가 자리를 돌려 서랍을 열어보면 권총 한 자루가 보인다.

S#129. 폐건물 사무실 / 달리는 재호의 차 안 (실내/새벽)

긴장감 있는 음악이 흐르며 재호와 현수의 모습이 교차된다.

/사무실

폐건물 사무실로 홀로 천천히 들어오는 현수의 모습이 조각난 거울에 보인다.

자리에 천천히 앉는 현수.

/달리는 재호의 차 안

알 수 없는 표정으로 운전을 하는 재호의 모습.

/사무실

자리에 앉아서 재호를 기다리는 현수의 얼굴.

S#130. 폐건물 사무실 앞 / 감청차량 안 (실외/새벽)

사무실 건물 앞으로 서서히 들어오는 재호의 빨간 스포츠카. 사무실 안에서 창밖으로 이를 지켜보는 현수. 재호, 사무실 입구와 조금 떨어진 곳에 주차한다. 차 안에서 시동을 끄지 않은 채 내리지 않은 재호. 이를 유심히 바라보는 현수. 이윽고 차 시동이 꺼지며 내리는 재호. 재호가 차 밖으로 내려 몇 걸음 걷다가 뒤를 바라본다. 재호가 바라본 곳에 멀리 폐차들이 주차되어 있다. 가만히 그쪽을 바라보고 있는 재호.

한편, 폐차들 사이에 주차된 감청차량 안. 긴장한 표정으로 재호를 바라보고 있는 천팀장과 그 옆에 민철과 형사 1, 2, 3.

민철 뭐야. 우리 보고 있는 거 아니죠?

차 안에서 묵묵히 재호를 바라보는 천팀장.

재호, 다시 앞을 보고 건물로 천천히 올라간다.

S#131. 폐건물 사무실 / 감청차량 안 (실내/새벽)

/사무실

사무실 문이 열리며 들어오는 재호. 의자에 앉아 있는 현수를 보자 환히 웃는다.

재호 (아무 일 없다는 듯) 많이 기다렸어? 좀 늦었네.

현수 (어색한 웃음) 왔으면 됐어요.

재호, 현수의 표정을 살피더니 조금 떨어진 의자에 천천히 앉는다.

재호 와, 아까 비 진짜 많이 오드라. 몸은… 괜찮아?

현수 괜찮을 리가 있어요…? 나한테 총 쐈잖아요.

현수의 말에 피식 웃고는…

재호 그래, 니가 고생 많았다. (담배를 물고 불을 붙인다) 밑에 폐차들 사이에 이상한 못 보던 생수 차 한 대가 서 있네. 요즘은 생수 차도 선팅을 그리 심하게 하나봐?

현수 …

/감청차량 안

긴장한 천팀장과 민철의 표정.

/사무실

현수, 재호를 빤히 바라보다 일어선다.

현수 아직도 나 의심하는 거야? (재호에게 팔을 벌리고 다가가며) 뒤져봐요.

자신의 앞에 팔을 벌리고 다가선 현수를 빤히 바라보는 재호.

/감청차량 안

헤드폰을 쓴 채, 긴장한 표정의 천팀장. 그런 천팀장에게 입을 여는 민철.

민철 뭐 하는 짓이야.

/사무실

재호의 앞에 서서 두 팔을 벌리고 입을 여는 현수.

현수 뒤져보라니까.

너무도 당당하고 태연하게 자신의 앞에 팔을 벌리고 서 있는 현수를 보고 웃음 짓고는 일어서서 현수의 머리를 쓰다듬는다. 몸을 돌려 걸어가며 입을 여는 재호.

재호 (웃으며) 지겹다 진짜, 이 생활도. 현수야, 나 약 팔아치우고 일 확 접어버릴까?

현수 … 아뇨.

현수의 말에 걸음을 멈추는 재호, 뒤돌아본다. 카메라가 현수의 얼굴로 천천히 다가간다.

현수　　형한테 이렇게 잘 어울리는 일이 어딨어. 뒤통수치는 새끼 죽이고, 대드는 새끼 죽이고, 맘에 안 드는 새끼 죽이고… 아, 고상무는 살아 있어요?

눈빛이 흔들리는 재호.

/감청차량 안

헤드폰을 벗어 던지는 천팀장.

천팀장　　이런 개새끼!

민철과 형사 1, 2, 3이 급하게 차 문을 박차고 뛰쳐나간다.

/사무실

무표정으로 재호를 빤히 바라보다 입을 여는 현수.

현수　　우리 엄마도 니가 죽였다며…

재호　　…

재호를 담담한 표정으로 바라보는 현수. 재호가 온몸에 힘이 빠진 듯 깊은 한숨을 쉬며 현수를 외면한다. 여전히 차가운 표정으로 재호를 바라보는 현수. 다시 현수를 바라보는 재호의 슬픈 표정.

현수 기분이 어땠어? 진짜로 궁금해서 그러는데… 병신같이 지 엄마 죽인 놈 옆에 붙어 있는 새끼 보면서, 기분이 어땠어?

재호 …

현수 재밌었어?

아무 대답 못 하고 현수를 바라보던 재호, 결심한 듯 뒤춤에서 총을 꺼낸다. 슬픈 얼굴로 현수를 겨누는 재호.

재호 (자신에게 이야기하듯) 내가 씨발, 진짜 뭐에 씌었나보다. 그래… 처음부터 내가 널 그냥 죽였어야 했어… 그게 맞아…

현수 …

입을 꾹 다물고 방아쇠를 당기려는 재호의 손이 떨린다.

재호 씨발… 그냥… 끝까지… 모르지 그랬냐…

담담한 표정으로 재호를 바라보던 현수.

현수 뭐야, 설마 미안해서 못 쏘는 거예요?

소파에 앉으며 태연하게 얘기하는 현수.

현수 쏠 거면 빨리 쏴요. 곧 짭새들 올라올 거니까. (차갑게 웃으며) 원래는 나랑 같이 나가서 약 확인하면 덮칠 계획이었는데. 내가 또 다 망쳐버렸네. 어떡할래요?

재호 …

S#132. 폐건물 - 계단/복도 (실내/새벽)

총을 들고 조용히 복도를 걸어들어오는 민철과 형사 1, 2, 3. 폐건물 문 양옆에 벽을 등지고 선다. 긴장한 얼굴로 서로 눈빛을 주고받는 민철과 형사 1.

형사 1이 문으로 다가가려는 순간 탕! 탕! 탕! 소리와 함께 문 안쪽에서 총알이 날아와 형사 1에게 명중된다. 피를 뿜으며 뒤로 물러나 복도 벽에 부딪혀 핏자국을 남기며 쭈욱 미끄러지는 형사 1. 복도 양옆에 서서 총알을 피하는 민철과 형사 2, 3. 재호의 총성이 멎는다. 숨죽이는 민철과 형사 2, 3. 아무 소리가 들리지 않자, 서로 엄호를 하며 총을 겨누고 폐건물 안으로 들어가는 민철과 형사들.

S#133. 폐건물 – 사무실/작업실 (실내/새벽)

카메라, 민철의 시점으로 들어와 사무실을 훑는다. 사무실 안에 재호는 보이지 않고 현수만 의자에 앉은 채 손을 들고 있다. 민철, 현수에게 총을 겨누고는 묻는다.

민철 어딨어?

현수, 아무 말이 없다. 민철이 고갯짓을 하자, 뒤쪽 폐건물 내 작업실로 들어가는 형사 2, 3. (폐건물 내 작업실 사이에 가벽이 있고 양쪽에 문이 있어 각자 한쪽 문씩 들어간다) 민철은 그대로 현수에게 총을 겨누고 있고 카메라는 형사 3을 따라 들어간다.

형사 3이 총을 겨누며 폐건물 내 작업실을 둘러보지만 아무도 보이지 않는다.

그때 벽 너머의 폐건물 내 작업실 공간에서 총소리가 나며 낡은 가벽에 구멍이 뚫린다. 탕! 탕 !탕! 탕! 형사 3, 폐건물 내 작업실 안의 캐비닛에 몸을 숨긴다.

벽이 뚫리자, 현수를 겨누고 있던 민철이 현수를 잡아당겨 몸을 숨긴다.

총소리가 멈추고 정적이 흐른다. 긴장한 표정의 민철에게 비웃듯 입을 여는 현수.

현수 무섭지?

민철 닥쳐…

현수 (일어서며) 총 나한테 줘. 그럼 너 살 수 있어. 너 같은 새끼들이 감당할 수 있는 사람이 아니야.

민철 씨발, 닥치라고 했다…

한편 캐비닛에 숨어 있던 형사 3, 건너편 폐건물 내 작업실의 상황을 살펴보려는 듯 총을 겨누고 벽에 난 총구멍으로 천천히 다가간다. 구멍 사이로 피를 흘리며 쓰러져 있는 형사 2 시체의 모습이 보인다. 그 순간, 나무로 된 낡은 가벽이 뚫리며 책상을 밀고 들어오는 재호. 뚫고 들어오는 책상과 가벽에 밀려 갇혀버린 형사 3. 가벽을 넘어 올라온 재호가 형사 3의 머리에 대고 총을 당긴다. 탕! 탕! 탕! 재호의 얼굴에 피가 튄다.

다시 폐건물 내 작업실 바깥 쪽 사무실 상황으로 넘어가면, 현수의 뒤에 총을 겨눈 채 현수를 앞세워 방패 삼아 폐건물 내 작업실 쪽으로 천천히 이동하는 민철의 모습. 그때 갑자기 휙 돌아 민철의 총을 뺏으려는 현수. 현수의 공격에 당황한 민철. 총을 뺏기지 않으려고 하지만 현수의 공격에 총을 바닥에 떨어뜨린다. 바닥에 떨어진 총을 먼저 주우려는 현수와 민철이 몸싸움을 한다. 민철이 서서히 밀리자, 현수의 다친 어깨를 공격한다. 고통스러워하며 쓰러지는 현수. 현수를 올라탄 민철이 현수의 다친 어깨를 짓누른다.

민철 너 이 개새끼, 씨발 무슨 개수작이야…!

민철의 뒤쪽에서 문이 열리며 나타나는 재호의 모습이 나타난다. 민철의 뒤로 조용히 다가가는 재호. 망설임 없이 민철에게 방아쇠를 당긴다. 목에서 피를 내뿜는 민철. 현수의 얼굴로 민철의 피가 튄다. 재호, 민철의 머리에 한 방 더 갈겨 민철을 쓰러뜨린다. 몸을 천천히 일으켜 재호를 빤히 올려다보는 현수.

현수 지금 안 죽이면 니가 죽어…

재호, 말없이 현수를 바라보다 현수의 귀 옆쪽으로 총알을 발사한다. 고막을 다친 듯 자신의 귀를 부여잡는 현수. 그런 현수를 뒤로 두고 조용히 나가버리는 재호.

S#134. 폐건물 사무실 앞 (실외/새벽)

폐건물 사무실에서 다리에 피를 뚝뚝 흘리며 걸어나오는 재호. 고통과 슬픔에 얼굴이 일그러진 표정이다. 자신의 차 쪽으로 절뚝거리며 걸어가다 감청차량이 주차되어 있던 곳을 바라보는 재호. 그러나 그곳에 보이지 않는 감청차량. 재호가 뒤돌아보면 갑자기 재호를 퍽! 하고 치고 가는 감청차량. 운전석에는 천팀장이 타고 있다. 저 멀리 날아가 바닥에 쓰러져 있는 재호. 감청차량에서 내리는 천팀장, 재호에게 다가와 소리 지른다.

천팀장 물건 어딨어? 물건 어딨냐고!

대답 없이 희미하게 눈을 뜨고 있는 재호. 재호의 몸을 뒤져 차 키를 발견한 천팀장, 재호의 차로 달려가 차 문을 열고 안을 들여다본다. 힘없이 이를 바라보는 피투성이의 재호. 모든 것을 포기한 듯 재호가 어딘가를 바라보더니 슬픈 표정으로 웃기 시작한다.
카메라, 재호의 시선이 되어 비틀거리며 총을 들고 걸어나오는 현수의 모습이 보인다. 현수, 재호 쪽을 잠시 바라보더니 방향을 돌려 걷기 시작한다. 재호의 시선이 움직이는 현수를 계속해서 좇으면 (그 화면 위로 거친 재호의 호흡소리) 천팀장이 재호의 차 트렁크를 열고 있는 모습이 멀리 보인다. 트렁크를 뒤져보던 천팀장, 약을 찾은 듯이 소리를 지른다.

천팀장 됐어! 됐어! 내가 찾았어! 내가 해냈…

그때, 그런 천팀장의 뒤에서 총을 쏘며 다가가는 현수. 털썩 쓰러지는 천팀장. 그 모습 위로 계속해서 탕! 탕! 탕! 총을 쏴대는 현수. 그런 현수의 모습이 계속해서 멀리 재호의 시선으로 보인다. 권총에서 철컥철컥 소리가 나며 총알이 떨어질 때까지 쏴대는 현수.
현수, 고개를 돌려 재호를 바라보고는 천천히 다가간다. 쓰러진 재호의 앞에 멈춰 서는 현수.
피투성이가 된 채 힘없이 슬픈 눈으로 현수를 올려보는 재호. 그런 재호의 손에 빈 권총을 쥐여주는 현수. 그런 현수에게 입을 여는 재호.

재호 현수야… 너는 나 같은 실수 하지 마라…

그때 현수, 무릎을 꿇고 앉아 양손으로 재호의 입과 코를 틀어막는다. 숨이 막혀 힘없이 버둥대는 재호의 손. 금방이라도 터져나올 것 같은 울음을 꾹 참고 계속 재호의 숨구멍을 막는 현수. 시뻘겋게 충혈된 재호의 눈. 천천히 눈동자에 힘이 풀린다. 눈물 가득한 눈으로 재호의 입을 막는 현수. 곧이어 팔이 축 처지며 숨을 거두는 재호. 눈을 뜬 채, 현수를 바라보며 죽음을 맞이하는 재호. 피투성이가 된 손으로 자신의 얼굴을 감싸 쥐는 현수. 현수의 얼굴 위로… 디졸브.

동이 튼 아침이다. 경찰 사이렌 소리와 함께 폐건물 사무실 벽에 튄 피와 총알 자국, 바닥에 쓰러져 있는 민철과 형사 1, 2, 3의 시체. 디졸브.

필로폰 앞에 엎어져 있는 천팀장의 시체가 보인다. 디졸브.

눈을 뜬 채 바닥에 누워 있는 재호의 시체, 손에는 총이 쥐여 있다. 디졸브.

재호의 차 안에 기대어 앉은 현수의 얼굴이 핏자국과 눈물자국으로 얼룩져 있다. 그런 현수 얼굴 위로 저 멀리 경찰 사이렌 소리가 들린다. 현수의 허무한 얼굴이 오랫동안 보인다. 갑자기 참아왔던 눈물이 터지는 현수.

엔딩 타이틀.

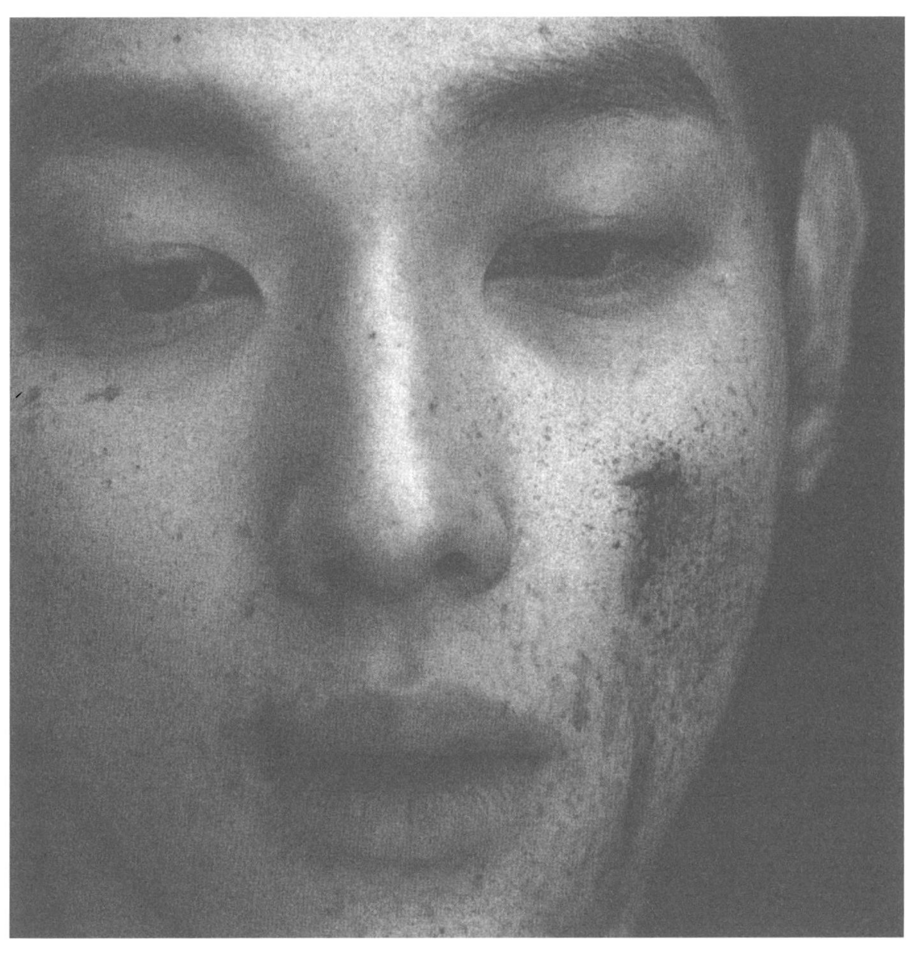

쿠키 영상

#잠입조 작업실 (실내/낮)

카메라가 천천히 이동하면 책상 위에 놓인 낡은 박스가 보인다.

잠입조 작업실에 앉아 박스를 열어보는 현수. 박스 안에는 서류 더미와 함께 몇 백 장의 사진이 들어 있다. 맨 앞에 놓인 사진은 현수가 출소할 때 재호와 장난을 치는 사진. 말없이 사진을 한 장 한 장 넘기며 보는 현수. 병철과 병갑의 사진. 재호와 병갑이 식당에서 밥을 먹는 사진. 예전부터 조사된 오세안무역의 사진들이다.

사진을 넘기다 갑자기 멈추는 현수. 무표정하던 현수의 미간에 주름이 잡힌다.

사진 속에는 환히 웃고 있는 재호와 천팀장의 모습이 보인다.

사진을 뚫어지게 바라보는 현수.

여태껏 본 적 없이 환하게 웃고 있는 사진 속의 천팀장의 얼굴로 서서히 줌인하며 암전.

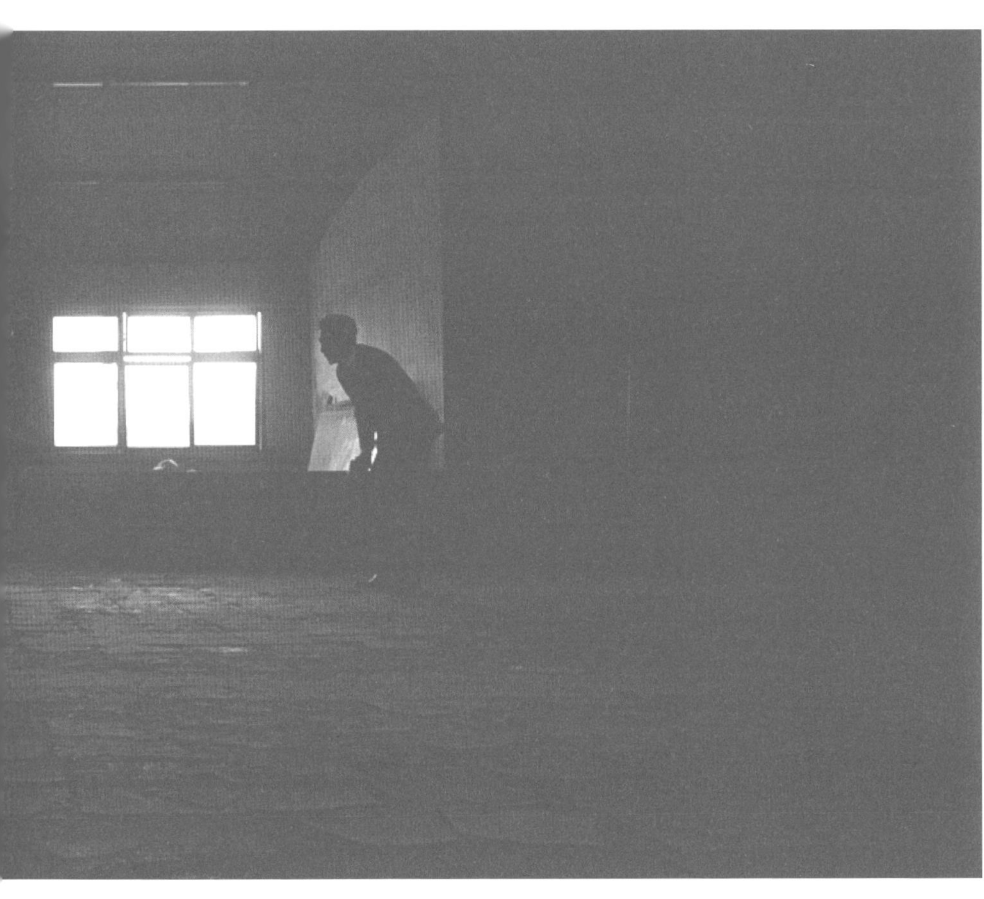

불한당

나쁜 놈들의 세상

_시나리오 양장본

1판 1쇄 펴냄 2019년 2월 18일
1판 5쇄 펴냄 2023년 6월 23일

각본 변성현 김민수 | **각색** 이원재
원작 영화 <불한당: 나쁜 놈들의 세상>

펴낸이 김경태 | **편집** 홍경화 성준근 남슬기 한홍비 | **디자인** 김리영 / 박정영 김재현
마케팅 유진선 강주영 | **경영관리** 곽라흔
펴낸곳 (주)출판사 클
출판등록 2012년 1월 5일 제311-2012-02호
주소 03385 서울시 은평구 연서로26길 25-6
전화 070-4176-4680 | 팩스 02-354-4680 | 이메일 bookkl@bookkl.com

ISBN 979-11-88907-47-2 03680

이 도서의 국립중앙도서관 출판예정도서목록(CIP)은 서지정보유통지원시스템 홈페이지(http://seoji.nl.go.kr)와 국가자료공동목록시스템(http://www.nl.go.kr/kolisnet)에서 이용하실 수 있습니다.(CIP제어번호: CIP2019001309)